Demos und Magister

Thomas Klinger

DEMOS UND MAGISTER

— Über Demokratie und ihre Lehren —

Gedichte

MENSAION VERLAG

Originalausgabe – im Mensaion Verlag
© 2024 by Thomas Klinger
ISBN-978-3-68918-017-1 (Hardcover)
ISBN-978-3-68918-018-8 (Softcover)
ISBN-978-3-68918-019-5 (E-Book)
Satz: LaTeX and TeX4ebook, ebgaramond
Herstellung: tredition
Gedruckt in Deutschland
Umschlaggestaltung: © by Mensaion Verlag
https://www.mensaion.de/
Besuchen Sie uns im Internet

Wenn der Tag beginnt und du willst klarer schauen,
suche, was du bist und sinnig werden kannst.

Jetzt ist die Nacht schon vorüber gegangen,
und kann noch auch wieder uns werden.

Wo im Dasein willst hin du gelangen
zum Stillen des Durstes der Zeit?

Wen nimmst du mit für der Liebe Verlangen
nach jenem Frieden im Leid?

Lindre stets dies und befrei, was vergangen
in ihm will fast-ewig ersterben.

Inhaltsverzeichnis

VORWORT

Dieser Gedichtband widmet sich dem Thema „Volk und Lehrer"
– und zwar im Sinne der sich selbst und die Menschen lehrenden
Wissenden und Weisen jenes Volkes, das über sich selbst wacht und
sich selbst von den Leiden zu befreien sucht. Die ersten beiden Ge-
dichtbände widmeten sich diesen Themen des Volkes als Wächter
(Custos) und des Volkes als Befreier (Liberator). Der dritte Band
nun, in dieser lyrischen Trilogie über Demokratie und Menschlichkeit, widmet sich nicht nur dem Volk als Lehrer (Magister), doch
auch der Lehre und dem Lehren, aber auch der Belehrung, wo nötig. Und es ist besonders das sich selbst Lehren, im Verständnis des
Strebens nach Selbsterkenntnis und Weltverständnis, die beide mit
ganz eigener Leidenschaft und Erfahrung berührt sind und nahe
an der Verwirklichung von Freiheit und Glück, Liebe und Frieden, stehen. Jedem steht dies offen, wer sich dazu berufen sieht,
kann in einer freien und offenen Gesellschaft zu eigenen, tragfä-
higen und sinnvollen Erkenntnissen gelangen, die dann wohl auch
keinem Selbstzweck dienen, doch dem Leben in einer sich stetig
vertiefenden Freiheit und Befreiung von den spürbaren Leiden des
Lebens.

Dass Lehren dabei ein zentrales Thema sind, an denen der
Mensch erst frei werden kann und sich frei entfalten und entwickeln wird können und wollen, ist nicht nur Voraussetzung, sondern auch Hinführung des Strebens nach Befreiung in Freiheit und
für mehr Gerechtigkeit und Frieden. Das Eingebettetsein in den
umfangenden Kósmos und die Verwobenheit mit der Welt, anderen Menschen, den Mitgeschöpfen und den Bedingungen des Daseins, fordern eine kontinuierliche Beschäftigung mit den Fragen
des Lebens und Überlebens und eine flexible Beweglichkeit in Sachen Einsicht und Erkenntnis. Lehren werden sich unweigerlich
ergeben, wenn der Mensch sich den Erkenntnissen und Einsich-
ten nicht verweigert, sondern er sich ihnen offen gegenüber zeigen
wird und lernen und lehren wird wollen. Besonders sind die Stufen
der Lehren erkennbare und verstehbare Strukturen, die eine umfas-
sende Selbstlehre möglich werden lassen. Und damit eine differen-
zierte Betrachtung hin in eine integrierte Lebensweise in Frieden,
Kooperation und Zufriedenheit an den Dingen, Werken und Pro-

blemlösungen der sich jeweils entwickelnden Zeit.

Da alles Dasein der Veränderung ausgesetzt ist, sind stetige Herausforderungen für den Menschen zu meistern, indem er die großen Fragen der Freiheit, des Friedens und der Sehnsucht von immer weiterer Befreiung von den Bedingungen, erneut und immer wieder erneut, in Blick nimmt. Sowohl im individuell-persönlichen Berührtsein mit ganz innigen und eigenen Fragen, als auch im gesellschaftlich-kulturellen Kontext der größeren Fragen des Überlebens miteinander und mit und in der Natur der Erde, auf die die Menschheit und alles Lebendige angewiesen ist, verlangen einen hohen menschlichen Einsatz und eine Leidenschaft, die sich Mut aneignen muss, das Wissen zu verstehen zu suchen, um die Kraft der Weisheit erfahren zu können und zu wollen, das Beste und immer Bessere – individuell und kollektiv, sozial und kulturell, lokal, regional und global – im Leben verwirklichen zu können: Den Frieden und die Freiheit, die stetig immer tieferen Frieden und Freiheit und eine stetige Linderung, Heilung und daher Befreiung von den Leiden und Bedingungen des Daseins ermöglichen. Eine Lehre wird sich ergeben, aber das Neue der Lehren wird in der Frische und Kraft des Wortes und der Taten zu spüren und zu sehen sein – und nicht im phrasenhaften Glauben, der eitlen Meinung oder der manipulativen Beeinflussung und Suggestion.

Die Gedichte in diesem dritten und letzten Band der Gedichte-Trilogie über Demokratie und Menschlichkeit, sind ebenso, wie die Gedichte in den beiden zuvor erschienen Bänden, dem lebendigen Leben zu verdanken, dem persönlichen Berührtsein mit den Leiden der Welt, der Beteiligung an den Gesprächen im privaten Umfeld, den Begegnungen mit bekannten und unbekannten Menschen in den sozialen Medien und den Lektüren der Weisheitsliteratur der letzten zweieinhalb Tausend Jahre. Immer spielte das Anliegen die tragende Rolle, lebendige und vertrauensvolle Begegnung zu verwirklichen, Berührung zu schaffen und ein Miteinander, das gemeinsam sucht an den Fragen zu arbeiten, die uns Menschen bewegen.

Manche Lehren aus dieser bewegenden Lebenserfahrung können hier nachgelesen werden, in lyrischen, teils gereimten, aber auch vielen reimlosen Versen, die hier erstmals in größerer Zahl zu lesen sind. Es sind überwiegend auch kürzere Gedichte entstan-

den, die zuweilen mehr Sentenz und Essenz verdichten, als situa-
tive Szenen lyrisch zu bebildern. Das Anliegen das Denken und
Empfinden anzuregen, steht auch hier, wie in den Vorgängerbän-
den, im Zentrum des Bedürfnisses aufrichtigen Kontakt zu ermöglichen, was auch bedeutet, mitunter, an manchen Stellen, entschieden Klarheit zu schaffen und sich nicht in Beschwichtigungen
oder Ausflüchten des vermeintlich guten Tones vor Deutlichkeit
zu scheuen. Damit soll Unerschrockenheit zum Ausdruck kommen im Angesicht der Welten Wirren.

Lehren und Erfahrungen des Lebens werden hier versucht zu
geben, natürlich aus der Sicht des Autors, der damit keinen An-
spruch auf Vollständigkeit erhebt, was im Übrigen niemandem gelingen kann, da doch das Leben offen scheint und das Bewusstsein des geistig-seelischen Menschen kreativ einer Bewegung an-
geschlossen ist, die stetig Neues hervorzubringen scheint, obwohl
es Wiederholungen gibt. Auch wird hier nicht ein Theoriegebäu-
de auf lyrische Weise zu vermitteln versucht. Das Phrasenhafte der
Theoriebildung, besonders, wenn sie in einen Kanon übernommen wurde, findet sich in diesen drei Lyrikbänden bei weitem
nicht.

Wer dunkel denken wollte und sagen sollte, das Volk sei nicht
und niemals sein eigener Lehrer und hätte keine konsistente Lehre zu vermitteln, weil ihm das Volk zu dissonant und zu zersplit-
tert erschiene, hat nicht unbedingt Unrecht, aber er hat auch nicht
zu hundert Prozent die absolut richtige Erkenntnis getroffen. Und
damit ist es nie zu Ende. Wer offen bleibt, wird in so gut, wie jedem Zeitpunkt den Lehrer seiner Augenblicke entdecken, er wird
ihm zuteil werden. Und er wird in seinem Herz-Geist erscheinen
und seinem Körper-Geist gewahr werden, doch er wird ihn nicht
zum absoluten Gott erheben, sondern ihn jeweils kurz anschauen,
festhalten, stehen lassen, durchlassen und weiter gehen. Der Lehrer wird zur Lehre werden, die sich immer wieder leert und füllt
zugleich, weil sie kein goldenes Vlies sein wird, keine Fahne für den
Kampf, keinen Gott der Anbetung, keine Flucht vor der Realität.
Er wird die Lehren nicht mitnehmen und zu einer Phrase für den
Kampf erhöhen, für diese oder jene angeblich gute Sache. Ein mög-
licher Glaube, der sich einstellen kann, wenn seine tiefsten Antworten keine Fragen mehr entfalten lassen, kann dennoch angeschaut

werden, stetig geprüft, belassen, bewegt und durchdrungen. Der Zufall ist im Spiel. Aber auch eine gegründete Struktur von bewegender Ordnung und Kunst.

Der Mensch wird der Lehre des Wissens verpflichtet sein und sieht der Wahrheit Erkenntnisse und der Wahrheit Täuschungen, er wird den Wandel des Geistes und seines eigenen Bewusstseins sehen und spüren. Er wird sich lebendig erkennen, schöpferisch an den Bewegungen der Zeit beteiligt sein und im Bewusstsein gehen, dass Offenheit Liebe ist, die Vertrauen meint und sucht und lebt – und die Misstrauen schaut, wenn der Schmerz der Täuschung ihn und andere berührt.

Lehre heißt dabei, das Innere leeren und in die Welt geben, äußern, was verinnerlicht ist, hinaustragen in die Welt und zwischen die Menschen, um sie lebendig zu bewegen, interessiert zu halten und Anregung zu sein über das blanke und vollumfängliche Werden im Augenblick. Und zwar von einem wesenhaften Grund aus. Nicht von der Oberfläche des Geistes. Es heißt, Grobes anschauen und fein durchschauen, zarte Strukturen und Ordnungen zu erkennen suchen. Es heißt daher, Feines in der Schwebe lassen und wie den Staub in der Luft durch das einfallende Sonnenlicht in seiner Schönheit erstrahlend schauen. Es heißt nicht, sich über den Staub zu ärgern oder zu ekeln. Solange der Atem ungestört sein kann und der Frieden gewahrt bleibt, wird von der Feinheit des Staubes eine Faszination ausgehen, die gerade in der Schwebe zu halten ist und nicht entschieden werden sollte. Denn gerade die Entscheidung, wird den Staub sich legen lassen und uns zum putzenden Sklaven unserer eigenen Abwertung und des eigenen Abfalls machen.

Wer die Feinheit der Worte in der Schwebe hält, wird die schwerelose Weise des Daseins eher gewahren können, als die ignorante und dunkle Bewertung über Worte, die ihm lästig erscheinen. Aber die Lästigkeit entstammt der Schwere aus der bewertenden Arroganz eines unverständigen Sinnes, der belehrt werden müsste und sich belehren lassen sollte. Wo wir aber schon auf dem Weg sind – durch Lektüre von gehaltvollen Büchern – und durch meditative Erfahrungssuche – werden wir die Pflichten und Ansprüche der Welt meistern können, ohne als unwissende Sklaven einer ungerechten Welt zu dienen. Sondern indem wir lebendig sind, als wache Fragende und kluge Schauende, die den Staub zu begreifen suchen, die unsere riesige *schön-blaue Erde* im fast-ewigen Kósmos *zu sein scheint.* Wer sich also dem Staub verweigerte, verweigerte sich der schöpferischen Einzigartigkeit in diesem All, die gerade Mal begonnen hat die von Worten geformten Sprachen zu entdecken, zu pflegen und zu entwickeln, die den Sinn enthüllen, den wir bedürfen.

Doch dieser Sinn erscheint im Laufe des Lebens auf verschiedenen Stufen des Bewusstseins. Wenn wir uns günstig entwickeln, werden wir zunehmend klarer schauen, deutlicher verstehen und feiner empfinden, was es zu schauen, zu verstehen und zu empfinden gibt. Der Blick, die Vernunft und das Gemüt, sind die drei körperlich-geistigen Instanzen, die das Schauen, das Verstehen und das Empfinden ermöglichen. Sie sind nicht wirklich voneinander zu trennen, da sie aus einem gemeinsamen Grund ihre Kraft und Feinheit erhalten. Und die Stufen scheinen in der Essenz der Wirklichkeit von menschlicher Entwicklung entfaltet werden zu können, sei es aus Gnade oder aus übender aufmerksamer Praxis heraus oder aus beidem. Wer die körperliche Entwicklung betrachtet, dem liegt nahe, dass es auch eine Entwicklung des Bewusstseins geben muss, da *Materie* und *Geist* nicht wirklich voneinander zu trennen sind und dazwischen *Leben* ist, das beide zu verbinden scheint. Zwar kann gedanklich und sprachlich eine Präferenz eingeführt werden, doch handelte es sich dann um Vereinfachungen oder Glauben und um unvollständige Unsauberkeit, die an Logik zu wünschen übrig ließe. Alles zusammen ist eine tiefere Essenz.

Das Schreiben der drei Teilbände dieser Trilogie erfolgte vorwiegend im ersten Halbjahr 2024. Bekanntlich waren die Enthüllungen des Journalistennetzwerkes CORRECTIV vom 10. Januar 2024 der Anstoß für zunächst den ersten Themenband *Demos und Custos.* Danach fand sich schnell Klarheit für den zweiten Band *Demos und Liberator* und anschließend für den dritten, hier vorliegenden Band, *Demos und Magister.* Im Grunde lassen sich alle drei Bände als „Wächter, Befreier und Lehrer" verstehen, denn sie fordern und fördern das freie unabhängige Denken und Fragen und die Reflexion von Selbst und Welt. Zudem wäre ein Sinn dieser Bände erfüllt, wenn der eine oder andere Motivation finden würde, entweder mit neuer Kraft und Mut auf seinem Weg weiter zu gehen oder erstmals einen Anstoß erhalten zu können sich auf den Weg der Suche und des Fragens zu begeben.

Da nie zu viel erwartet werden sollte, darf auch kein Wunder erwartet werden. Jeder lebt aber nicht nur sein eigenes Leben, sondern immer auch ein Leben als Mensch mit Verantwortung für Antworten. Das wir alle gleich sind in unserer Verschiedenheit, haben wir damit die Freiheit ganz wir selbst zu werden, sowohl individuell als auch kollektiv. Aber gleichsam bleibt immer etwas Verschiedenheit, wenn nicht gar Fremdheit oder die Empfindung von Anderssein übrig. Dieses Spannungsfeld der Nichttrennbarkeit (von Individuum und Kollektiv, von dem Einen und dem Anderen) stetig so gut es geht zu betrachten und sich daraus geistig-seelisch zu nähren, entspricht dem Grundanliegen dieser Trilogie.

Möge es jedem Menschen Gelingen er und sie selbst zu sein und zu werden, ohne sich in einer fiktiven Vorstellung über das Ich zu verlieren. Wer auch mit einem durchschnittlichen Einkommen zufrieden sein kann und erfüllt, muss nicht im Streben nach einer großen Karriere oder dem Millionenerfolg in die Gefahr geraten sich selbst verkaufen zu müssen oder verkauft zu haben. Und wer auf der anderen Seite meint, auf Erfolg verzichten zu können oder zu wollen, hat vielleicht noch nicht ganz verstanden, dass die Fähigkeit in den weltlichen Leiden der Zeit als Menschen erfolgreich zu bestehen, eine Kraft und eine Gnade liegen, die den Erfolg des Lebens bewirken – nämlich den Erfolg durch das Vermögen zu lieben und zu geben, zu erkennen und zu verstehen, sich selbst und andere, die Welt und das Leben, zu lieben, zu erkennen, zu verstehen und daher *geben* zu können. Und die Gnade der Liebe ist keine, die nur davon abhängig wäre, was der Zufall für uns will, sondern stellt auch ein diesseitiger Verdienst unseres evolutionär-genetischen *Gewordenseins* dar. Da wir ganz sind und ungeteilt – Individuen – sind wir von diesem Verdienst zunehmend nicht getrennt, wenn uns dies mehr und mehr gelingt.

Daher wird mit zunehmendem Alter und bei günstigen und gesunden Bedingungen der älter werdende Mensch weise und durch sein *gesamtes Leben* eine Lehre verkörpern. Er wird *Magister* geworden sein – und jedem *Demos* zur Seite stehen.

Thomas Klinger, Juli 2024

1
Wer sagt dem Geist

Wer sagt dem Geist, wenn einer meint, dass der soll schweigen?
Ist's doch der Geist, der zu sich meint: ich will es zeigen.
Das heißt, dass Geist nicht wollen kann gar dieses Schweigen,
da dieses Schweigen ist mehr jener Tod und ein Vereinen
mit sinnigem Sinn an diesem Tod nicht mehr zu weinen.

2
Stück und Note

Da oft der Geist an die Gleichheit nur denkt in der Zeit,
wird vermissen er noch den anderen Klang aus dem All,
da Verschiedenheit auch dieses Dasein beschreibt mit der Note,
und das *Stück* ist dann eins gespielt von uns all mit dem Leid.

Gleich hört der Kósmos den menschlichen Sang durch die Welt,
hört die Noten des Einen und Anderen wohl in jener Einsamkeit,
trägt nicht nach, bevorzugt auch nicht, doch oftmals der Mensch:
da der *beides* nicht denkt und willkürlich wählt mit dem Bauch.

3
Gleichsam gleich und ungleich

Gleichsam gleich und ungleich sind wir auf Erden geboren,
ähnlich es heißt, verwandt und bekannt – und zur Liebe bereit;
ohne das Andere, Verschiedene, die Liebe ist *nichts* von Belang,
gleich ist sie daher zu finden in jedem und allem durchaus.

4
Am irdischen Tisch

Früchte sind gleichsam geschenkt uns im irdischen Reich.
Luft, für lebendigen Sinn, mit den Höhen abfallend dicht.
Wasser vom Fluss und vom Meer und den Seen auf dem Land –
Sollten die Wesen genug nicht stets haben am irdischen Tisch?

5
SCHWEIGSAM GENOSS

Schweigsam verließ jene Liebe das Haus und fuhr in
die fernere Stadt,
krank der Geliebte im Bette, verschwitzt, allein, ohne
den Trost
frischen Gemüses und Säften und frisch bereitetem
Tee an das Bett,
daher beleidigt der Enge in einsamer Welt, die tut, was
sie will,
Rücksicht nicht nimmt auf die Schwäche im Leid,
das Heilung bedarf
und auch ohne die Liebe des andern – nach wenigen
Tagen genoss.

6
AM LÄCHELNDEN TAG

Schweige sodann, wenn verletzen du willst die Liebe des Lebens,
lehre sie mehr durch den Kuss deiner Wärme am lächelnden Tag.

7
WUNDRE DICH NICHT

Wundre dich nicht ob der Kriege des Menschen auf
unserem Erdenplanet,
Morgen schon wird uns der Frieden sein, wenn du
heute ihn ehrst und verstehst.

8
HEUTE ENTSCHEIDEST DU MIT

Heute entscheidest du mit ob deiner Klarheit ent-
schiedenen Sicht,
dass Wahrheit dir bleibt und weiter uns wird die Ge-
schicke bestimmen.
Suche sie daher im Sinn eines Friedens für nicht nur
dein Volk.

9
Kläre den suchenden Drang

Kläre den suchenden Drang aus dem Irrtum entlang zu entfalten,
finde die Wahrheit, die deine, an den Tagen und Nächten der Zeit.
Trinke das Wasser der Weisen und Klugen und übe stetig und gut
Trübes zu schauen und durchschaue den Traum der Betrübnis
darin.

10
Freude am Tag

Freude am Tag ist nicht schwierig zu finden in friedlicher Welt;
schwer wird es in der Nacht, wenn Betrübnis zu sehr ergreift
Kluge zu schmähen und die Weisen mit Schierling verdrängt.

11
Nebel auf Erden

Nebel auf Erden sind schön und so still in Natur und
dem Dorf,
doch die fragenden Nebel nach Sinn verdecken die
Sicht auf das Leid,
das im Irren besteht den Weg noch zu sehen – das Ziel
schon voraus.

12
Wo läge das Ziel

Wo läge das Ziel jeder Zeit ob des Strebens nach Nahrung und Sinn?
Kann im Frieden gelingen der Welt dieses edle und
hohe Begehr?
Wort hier zu geben besteht nicht durch eitleres Ja
oder Nein,
doch im Finden des Blühen von Vertrauen und dem
Mangel an Furcht.

13
Erfüllungsgehilfe

Leicht neigt ein Mensch zu dem Strich gedankenlos
    Basta zu sagen,
ignorant und Erfüllungsgehilfe all der Lüge und un-
    klaren Sicht.

14
Klammert ein Mensch

Klammert ein Mensch an dem Ziel seines Geistes Gebilde zu lang,
wird erreichen vielleicht er den Sieg in seiner bildlichen Welt,
doch sein Weg mag gezeichnet von Trümmer und Schmerzen ge-
    wesen,
die erneut ihn zum Zielen auffordern die Kämpfe frei zu gewinnen,
selbst nie zufrieden mit sich ob dem Fehlen von Frieden und Sinn.

15
Wachsen entlang

Wachsen entlang jener Stufen des Alls ist auf Erden zu sehen,
Freuden der Kinder, der Jugend, erwachsene Tiefsinnigkeit;
sollte ein Ziel es uns sein zur höchsten der Stufen zu kommen?
Oder befindet in jeder der Stufen das Glück im Friedlichen sich?
Friedlich im Traum mit den Welten vereint und gütig erfüllt
von geheimerem Klang eines höheren Sinns beim Erlauschen der
    Zeit?

16
Hörst du den Klang

Hörst du den Klang in dir schon, der nicht du und
    doch Du schon bist?
Traue dem Geist nicht das Wort, doch erst in dem
    schönsten des Sinns,
dass du Liebe vernimmst in dem Stück, dem stetig du
    tiefer vertraust.

17
UNERSÄTTLICH DER MENSCH

Unersättlich der Mensch scheint auch heute noch
    hungrig zu sein,
da Moderne und Kunst, der Dichtung Musik und all
    die Religion
immer noch suchen die Herzen zu füllen jenes Lieb-
    lichen wegen,
das als einzige Blüte am Baum des Daseins sein Au-
    genblick ist,
Frieden und Trost an der Zeit, nicht allein im irdi-
    schen Fleisch.

18
VERPFLANZUNG

Mehr an Verständnis und Stütze wär gewiss vom
    Mensch zu erwarten,
der in den ertragreichsten Jahren dem Baum die Ver-
    pflanzung anriet.

19
WENN DER WIND DER WELT

Wenn der Wind der Welt und auch Familie an deinen
    Ästen zerrt,
sind die Wurzeln stark zu wissen, die deinem Sinn die
    Früchte zeugen.

20
VOM SANFTEN BEGREIFEN

Baum sind wir und sind es nicht, denn manche sind
    nur Pflänzchen;
leicht aus dem Boden gerissen vom Übergriff der
    Menschen Geist,
der nicht Sturm und nicht Wind, doch Mangel an
    sanftem Begreifen.

21
TRAGE NICHT LANGE

Trage nicht lange den Groll in deinem verärgerten Geist,
lass nicht Wurzeln ihn schlagen und reiße den Keimling aus,
denn du wirst andre und dich sonst selber bald töten wollen.

22
DAS EDLE TRAGEN

Das Edle zu tragen im Herzen ist keine geistige Sache,
denn Glaube allein im Verstand zu behalten ist es noch nicht.
Das Edle ist auch nicht der Glanz der Welten voll jener Form,
die Status nur meint und Macht und den Reichtum eitlerer Zeit.
Das Edle trägt nicht die Form allein in die Welten hinein,
doch rührt mit dem friedlichen Sinn all unsere Leiden zu heilen.

23
LEIDEN ZU TRAGEN

Leiden zu tragen, die übrig uns sind an den Tagen und Nächten,
will nicht masochistisch uns quälen das Übel zu schlucken.
Tragen wir Liebe im Herzen, nährt sich die Seele davon,
Leiden dann wollen wir lindern, vermindern und heilen.

24
GROSS SCHEINT DER BERG

Groß scheint der Berg deiner Frucht, der noch zu erklimmen,
lasse nicht ab das Wasser zu schmecken und erwachse aus dir,
dränge dich nicht in die weltliche Pflicht zu gehorchen,
nutze den Tag und die Nacht entspannt im Verkosten des Sinns.

25
TRAUE DEN WORTEN

Traue den Worten im Leid, wenn der rührende Sinn dich erfüllt;
Form aber sind sie doch nur, und die der Geist dir befüllt.
Wer rührte hiermit noch wen, wenn du dich selber noch liebst?

26
KÖRPERLICH KRANK

Körperlich krank heißt noch nicht auch krank mit dem Geist,
denn der Geist doch umfängt als Körper-Geist inneres Fleisch
bis zum Kontakt der Zellen aus der Tiefe des Alles Struktur.

27
GEISTIG KRANK

Geistig krank ist der Mensch im Mangel an Liebe und Sinn,
wenn zerrütten er wird durch den Kampf für die bessere Welt
die bestehende Welt durch die Wirren der Worte Betrug
mit der Hetze der Schuld für den anderen oder sich selbst.

28
SEELISCH KRANK

Seelisch krank ist der Mensch im Entfachen von Krieg und Mord,
wenn verschlossen sein Sinn nicht die Fragen zum Frieden mehr
        hört,
mit der Furcht vor dem Tod jenen Tod noch erzeugt in der Nacht,
nun verloren im Aus einer Welt, die ihn liebt, wie er war.

29
KRANKES HEILEN

Krankes zu heilen seit kurzem ist Sinn schon und Trost,
dies gelingt immer mehr in den klügeren Welten der Zeit
durch entwickelnden Sinn in wissenden Räumen der Zunft,
da auch Weise beachtet, Pandite, Gelehrte mit Kraft,
die ganz eigene Pfade erlaufen, fern großer Straßen der Welt.

30
TATKRAFT

Wer die Tatkraft verspürt klugen Sinn zu erhellen
soll nicht warten auf mehr, da klug er schon ist.

31
TRAGENDE KRAFT

Tragende Kraft im Leben ist weniger die eigene Familie,
bei manchen zuweilen ja schon; doch nicht immer geschieht,
was soll sein, ist gewünscht und führt dich zu dem Erfolg,
der nicht weltlich muss sein mit Applaus für ein Massenprodukt,
doch indem du erfährst und bewirkst jenen Sinn aller Zeit,
der geworden dir ist und immer mehr wird, weil du liebst.

32
FAMILIE

Familie ist nicht schon per se ein Hort vertrauter Ge-
    rechtigkeit,
es bleibt der Mensch ein loses Geschenk der freien
    und wilden Natur,
die ihn verwirren auch kann im Anblick der werden-
    den Kinder Geburt,
wenn Zufall und Schicksal entscheiden über werden-
    de Gaben der Zeit.

33
DIE ENGE DER WELT

Die Enge der Welt ist in Wahrheit der Mangel an
    Raum in den Herzen
der Menschen, die suchen zu weiten sich selbst in den
    Grenzen
des Daseins Natur und des Wesens der Zeit für den
    liebenden Trost.

Die Enge der Welt wird sich weiten mit dem Weiten
    der Zeit
aus der Treue zum Wahren und Guten und Schönen
    des Alls;
so scheint es zu werden für all unser Menschenge-
    schlecht.

34
MENSCHEN SUCHEN ENTWICKLUNG

Menschen suchen Entwicklung und doch nur die
    Nahrung für's Haus;
beides zu schaffen ist schwer und bedarf einer lieben-
    den Kraft,
die dem Leid auch entsteigt und es trägt, doch ohne
    die Klage zu führen
und nicht zwingt sich dazu ob der Kraft, die schöpfe-
    risch, mild.

35
MAI

Mai nun zeigt blau seinen Himmel und grün jeden Strauch,
klar ist die Sicht in das All schon bei Nacht und der Hauch
kalter Zeit war grad eben noch kränklich Genesung erfordernd,
da schon zeigt auch die Sonne zunehmende Kraft und ihr Licht.
Wird der Sommer uns glücken und die Hitze das Wasser belassen?
Will das Jahr sich erfüllen, wie immer erfüllt sich ein Jahr?
Stoisch die Zeit uns entfalten hinauf zu der Blüte des Tods? –
Mai stets zeigt schön sein Gestirn und lebendig jeden Moment.

36
ANMASSUNG

Winzig die Erde im All, wie heute wir wissen vom Wissen,
groß mancher Mund, der meint die Wahrheit bereits zu kennen;
was noch lag vor sechshundert Jahren Unwissen im Dunkel parat,
heute, wie damals, die sich überschätzenden Gesellen
protzger Erfindung unlauter drängelnder Anmaßung.

37
DIE WELTLICHE MACHT

Es ist ihnen kaum zu vergällen ob ihres Verirrtseins,
wenn manche die Wahrheit noch suchen in leidlicher Welt;
doch können Verirrten die weltliche Macht wir nicht geben.

38
Phantasterei

Phantasterei ist es, wenn sie den Anstand uns beschmutzen,
Kluge öffentlich an puppenhafte Galgen hängen,
um zehn Jahre dann beklagend, Schuld an sie zu schmieren.

Wer nicht glaubt, was all das Wissen kann, der sollte nun
glauben nicht, doch suchen echten Sinn ein jeder Zeit
für das klare Schauen wirklicher Notwendigkeit.

39
Einsam der Mensch

Einsam der Mensch sucht sich Raum für Vertrauen und Sinn,
weit geht er Wege dafür bis hinauf zu dem Mond,
wo die Gefahren ihn wieder führen nach Haus
auf die seinige Erde, die letztlich alleine ihm scheint.

40
Gast

Gast, das wurde gesagt, sind wir Menschen auf Erden,
nah am Tische des Alls auf dem Wege zur Ewigkeit.
Worin läge des Gastes Geschenk, das erbringen er könnt?
Ist es das Gold? Ein Produkt? Oder die Pflicht?
Ein einziger Glaube an dies oder das in unsterblicher Welt?
Frage dich dies und sinne Jahrtausend voraus,
denke Jahrtausend zurück und schmecke köstlich die Zeit:
Freude es ist und der innige Frieden in jedem Moment,
der Vertrauen sich wählt und die Schöpfung vor sich beschützt.

41
Meist glauben sie

Meist glauben sie es nur, wenn's andre sagen,
dass etwas groß und wichtig, klug und richtig sei,
da sie dazu tendieren, dass sie mehr klagen,
ihr Herz scheint lange schon nicht wirklich frei.

42
Sucht friedlich der Mensch

Sucht friedlich der Mensch einen Sinn zu beginnen, in Muße
    gehüllt,
enthüllen sich Nebel des Worts auf dem Weg die Zeit zu begehen
und lassen entfalten den Augenblick leicht in den Abend hinein,
die Stille genießend gewiss, da gerade Geschirr sich auch wäscht.

43
Und als ewige Zeit

Er sagte, die Unruh ist keine der Furcht, doch eine des Sinns,
der stetig sich tiefer will finden im Frieden des stilleren Alls,
am Weg einmal endlich und dann auch für immer gewesen
im Klarsein zu ruhen, als alleiniges Nichts und ewige Zeit.

44
Vom Blut und vom Geist

Gefördert nicht wirklich vom Hause aus dem er entsprang,
verließ er inmitten der Zeit die Vertrauten und schaute klar
den Sinn der Geburt in die Welt auf der Erde Gefilde:
dem *Ganzen* zu dienen und nicht nur dem eigenen Blut.
So war sein Gewissen auch rein als die Abschiede kamen,
genährt sich vom All und dem Frieden des stilleren Geist.

45
Zufall und Bande

Wer wollte sich auf den Zufall beziehen und Bande verehren,
die Fleisch hat verwoben mit Samen und Blut und der Zeit
durch Ekstase und dem, was nur Welten als Liebe verstehen?
Um nicht auch der Menschheit das All anzuraten zu Haus
auf Erden, wo alles ist Zufall und keiner ist keines Besitz,
da Freiheit auch meint, den eigenen Weg alleine zu gehen,
begegnet dem Sinn und gefunden das Leid aller irdischen Zeit,
im Zufall die Ordnung geschaut und im Frieden lieblichen Wert.

46
GRENZEN SETZEN

Er suchte das klarere Wort nun einmal mit Nach-
    druck zu sprechen,
da jene sich dreist schon ergriffen die Lüge als wahres
    Konstrukt.
Doch andre, die dies nicht verstanden und keine Fra-
    gen ihm stellten,
verwarfen den Sinn die Lügner zu lehren und ihnen
    Grenzen zu setzen
und schmähten den mutigen Weisen verbaler Gewalt
    die Leviten zu lesen,
da sie noch nicht sahen die Lügner und deren Verro-
    hung als eine Gefahr.

47
NIRGENDWO

Nirgendwo der Mensch ist angekommen,
froh nicht stets und auf der ewigen Suche
nach dem klaren Ende – und vernommen
Weisheit, Wissen aus dem guten Buche.

Nirgendwo ist eine letzte Frage
und die Antwort steht nur irgendwo
an jenem Weg, der Irriges befrage
und doch final wird nirgends froh.

48
EINIGKEIT

Wer leicht und allzu leicht sich bietet an
mit Geld den anderen zu unterstützen,
weiß vielleicht selbst nicht klar genommen wann
er nur sich selber will hier vielmehr nützen.
Denn grad dem anderen scheint mehr im Blick,
dass jene Sache ist nicht Kleinigkeit
und auch ihm nicht ein eitler Zaubertrick,
doch mehr die Suche nach der Einigkeit.

49
GERECHTIGKEIT

Wo einer meint, dass die Gerechtigkeit doch sei,
was er sich denke aus dem Bauch und mit der Nase,
da denkt ein anderer, er sei damit nicht frei,
denn jener Bauch sich nur bedenke eine Phrase
und ein verqueres Sinngefüge ihm nur diene
all den Besitz der Welt für sich allein zu haben,
da es ihm mangelt an des Mensch sozialer Schiene,
die auch dem anderen gönnt und wird's gemeinsam wagen.

50
GESETZE SCHÜTZEN

Gesetze schützen Menschen vor dem Menschen,
vor jenen Mächten, die sich selbst nur denken
und die recht leicht gewaltiger bekämpfen,
wenn andre sich verweigern, wie sie lenken.

Gesetze schützen Freiheit vor den Leuten,
vor jener Pracht, die nur sich selbst befreit
und die recht eitel und auch dreist erbeuten,
was andre sich errungen mit der Zeit.

Gesetze schützen Fakten vor den Lügen,
vor jener stets noch nachlässgen Gewalt
und die sich gar nicht Wahrem wirklich fügen,
da dies ein Faktum, das schon allzu alt.

Gesetze schützen Frieden vor dem Krieg,
vor jenen Toden und unnötigem Leid
und den die Fratze seines Hasses Sieg
noch nie hat wirklich sinnig klug befreit.

Gesetze schützen Liebe vor dem Hass,
vor jenem Irren all der Projektion
und leert den Überlauf des vollen Fass
mit dem gelehrten Wort des Menschen Ton.

51
BRICHT EIN MENSCH

Bricht ein Mensch Gesetz und Recht,
bleibt zu fragen noch Warum,
da nicht unbedingt ist schlecht,
was dem Rechte sich zeigt dumm.
Denn die Wahrheit mit dem Recht
zeigt sich manchmal doch noch krumm,
da *gesetzt* ist nur Gesetz,
und das letzte Wort bleibt stumm.

52
DER NARR

Er nicht fördert Familie, er nicht fördert Natur,
er nicht fördert die Freunde, denn dafür ist er zu stur.
Er nicht fördert Vertrauen, er nicht fördert dies warm,
er nicht fördert die Liebe, denn die ist ihm zu lahm.

Er mehr fördert Kontrolle, er stark fördert die Macht,
er mehr fördert die Missgunst, denn die in ihm wacht.
Er nur fördert den Ausgleich, damit alles sich gleiche,
obwohl er genug hat und ihm üppig schon reiche.

So er fördert die Gier aus dem Schacht an das Licht
und kaschiert mit den Worten seine krummere Sicht,
meint gesetzt hier zu reden, gerecht und auch wahr,
doch es fehlt ihm am Geben und so ist er Narr.

53
SCHULDEN UND CHANCEN

Der eine sieht die Schulden nur an dem Problem
und meint der Weg in den Bankrott ist schon gesichert.
Der andre sucht die produktiven Möglichkeiten
dies eine kleine Defizit gut auszugleichen. –
Der erste blind für Wege und auch Chancen jetzt,
wo doch der zweite schon die Welt in Frieden setzt.

54
Claime

Krank und kalt ging er schon vor und steckte Claime ab,
suchte die Gerechtigkeit und wie er seine füllte.
Sprach und fragte nicht nach dem Vertrauensbild.
In das Land des Schweigens er sich daher gerne hüllte. –
Wer mit klammer Furcht in seinem Leben kleinlich wandelt,
warm und froh nicht seinen Nächsten brüderlich behandelt.

55
Das Papier-Taschentuch

Spricht ein Mensch an einem andern vorbei in die eigene Tasche,
wirft der andre ihn weg, wie ein gebrauchtes Papier-Taschentuch.

56
Der fehlende Riecher

Hat der Mensch keinen Riecher für die zwischen-
menschliche Luft,
ist ihm die Nase schon verschnupft und muss bald
Rotz ausschnäuzen.

57
Zu hoch geschätzt

Wie kommt der Mensch dazu das Eigne viel zu hoch zu schätzen?
Und jene andren Sichten abzuwerten und zu ignorieren?
Ist ewig er Narziss bedacht nur auf den eigenen Bauch?
Und kann die Perspektiven dieses Kósmos nicht kapieren?
Was läge nahe ihm zu tun, zuweilen auch zu lassen?
Wie kann Verstehen er mit Sinn hinein kooperieren?

58
Längst

Längst sind Milch und Honig gekommen auf unsere Erde,
menschliche Kraft hat klug sich bedacht und getan jenen Sinn.

59
Noch voraus

Noch voraus liegen Milch und Honig in anderer Weise,
jene Milch der Seele und jener Honig der Leiden
darf gefördert schon jetzt, genährt durch jegliches Wort
einiger Freiheit und Kraft, für friedlich stille Momente.

60
Doch

Doch zynisch so mancher verdrängend sich bildet noch ein
dies Dasein wäre nur Kampf und Sieg um das beste Produkt.
Die Eitlen schon immer den Hemmschuh uns bilden auf Erden.

61
Gesang

Lass dich nicht von Ängsten lenken,
die andere dir zum Schlechten geben
und die, kaum nüchtern, nicht bedenken,
wie Klarheit wir im Frieden weben.
Nimm Atem an und schaue durch
den Widerstand des Geistes Bang
und widme dich dem Augenblick
für das Vertrauen im Gesang.

62
Singe

Singe froh aus unbekannten Welten dieses Seins,
singe frei, wie nur das All stets in uns singt,
lass das Wollen dir gewiss zu einer Stille werden –
denn die Stille nach dem Frieden und der Liebe klingt.

63
Suche

Suche Sinn und lass ihn wieder los in deinem Geist,
lausche ihm in jedem Augenblick, da du innig bist.

64
SCHWEIGE

Schweige auch in Anbetracht des irren Leidens hin zum Sieg,
Krieg geschmäht und doch nie echt bereit für jenes schräge Kreuz,
Tod zu sterben nicht, der nur erhöht uns wurde in den Jahren,
da die Lüge hin sich setzte, um sich in fahler Pracht zu feiern.

65
VIEL

Viel getan ist schon in unserer Welt,
Kranke heilen institutionalisiert,
Leiden lindern rührt auch seelisch an,
Welten kommen näher sich und reden.

66
WENIG

Wenig wissen Menschen noch von unbekannten Dingen,
suchen kaum und fragen selten, nehmen Glauben an,
Antwort wird verworfen, die den Mond erhellt am Tag,
schuldig fühlt er sich und kalt im Grauen, dort draußen.

67
WISSEN

Wissen ist jung noch, geboren aus Fragen und Skepsis,
Zweifel gesund angewandt und die Stille in Frieden genutzt.
Schwer aber all die Details geworden durch ihre Macht,
leicht sich zu sehr beschwert und den Ort nicht gewechselt.

68
WEISHEIT

Weisheit ist alt schon geworden, doch immer frisch
    auf dem Tisch,
wie die Blumen vom Garten und Gärtner des ewigen
    Alls.

69
Schatz

Obwohl sie ihn hat „Arsch!" genannt,
nennt er sie noch „Mein Schatz!"
Sie weiß, er ist zuweilen galant,
doch manchmal ist's für'd Katz.

Beleidigt er zuweilen sich fand,
wenn sie geht auf die Hatz
und sucht den Trost im andren Land
mit einem Schweigesatz.

Nach einer Zeit wurde bekannt,
ihr fehlt ein innerer Platz
zum Frieden für ein ewiges Band
zum toten Kinder-Schatz.

70
Die Klage

Gerecht die Klage für ein besseres Recht,
doch muss ein Grundsatz doch ersichtlich sein,
da nicht der alt bekannte wirklich schlecht
und unbedingt dürfte uns nicht mehr sein,

da nun speziell der soll der Welt erscheinen,
denn wird Bewährtes nicht dabei vergessen
und dessen Freunde sollen niemals weinen. –
Doch soll was Neues frisch und frei bemessen,

wo Staub in jenen Winkeln lange lag,
da ganz die Zeit nicht alle davon mag
und Räume sich nunan auch öffnen werden,
die heut – zurecht – gebühren ihren Erben.

71
Verständnis

Mancher meint ein andrer verstünde nicht die Wissenschaft.
Und reagiert nur angetriggert durch ein sehr kluges Wort.
Ausgetrickst hat er sich selbst, da ihm Verständnis mangelt.
Zeigt durch Echauffiern nur heißes Herz dem klugen Kopf.

Wäre möglich es für ihn sich leicht zurück zu nehmen?
Zu besinnen erst, bevor das eitle Ego schäumt
olles Recht heraus und jene Wahrheit zu posaunen,
wäre klüger wohl gewesen dort. Doch war er's nicht.

72
Reflektieren

Licht reflektiert sich im Spiegel, zeigt das Bildchen davor;
bildet die Farben und Formen, bleibt aber Bild.
Denken stochert im Nebel des Bauches auf eine Entscheidung;
bildet sich ein zu wissen, was das Richtige sei.

73
Konzentrieren

Schauen ins Zentrum mit Blick auf Details dieser Welt,
nimmt Formen an und formt Neues daraus auch gewiss,
stirbt nicht der Flucht, doch flucht zuweilen noch,
wenn die Fragen noch offen und Zeitdruck Probleme nicht löst.

74
Meditieren

Stille nicht immer braucht Ruhe im sitzenden Raum,
Lassen wurde geboren, so scheint es; die Sonne der Zeit
spinnt den Faden zum Satz aus dem Worte des Augenblicks,
stetig das Neue geformt zum Stein eines Weisen im Haus.

75
NICHT JEDER UND JEDE

Nicht jeder wird Blüte oder zur Frucht,
zum Weizen so manche, doch andre nur Spreu,
auch nicht durch Moral oder die Zucht,
der eine wird laut, der andre bleibt scheu.

Nicht jedem und jeder gelingt schon ein Glück,
das nicht im Vermögen des Geldes beruht,
zuweilen bleibt Trauer und Leiden ein Stück
des Weges im Leben, dem mangelt auch Mut.

Nicht alle bleiben friedlich, die Liebe verschmäht,
im Groll fest gehangen und Hass schnell parat,
so vielen bleibt Wahrheit im Mund zugenäht,
sie spüren auch kaum wenn ein Übel sich naht.

Nicht jeder wird sich geliebt meistens finden,
die Einsamkeit zehren am Nervenkostüm,
kaum aufrecht gerade und oftmals noch winden
um gütige Worte, für Vertrauen sublim.

Die meisten verbleiben im Nebel der Zeit,
die Macht akzeptiert jener Welten der Erd,
ein wenig immer verschworen mit Neid,
mit Klagen der Mensch sich rasch auch beschwert.

Nicht jeder findet im Eignen den Trost
die Wirren zu klären, nicht zynisch verkannt
Kritik und Verstehen, im Geist leicht erbost,
da sie nichts mehr finden am eigenen Land.

Entwickeln der Mensch wird dennoch und stoisch
die neuesten Waffen, Produkte zur Flucht
in nicht mal ein Suchen, doch oft noch heroisch
die Täuschung hofiert mit moralischer Zucht.

Die Welten sie werden die besseren werden,
doch all der Konsum verdrecken Natur,

die Technik geht weiter und wird sich vererben
der Erde als Schrott mit der strahlenden Spur.

Nicht jeder und jede wird ernst sein und schauen,
wie Lächeln ist möglich bei all dem Verirren,
ergeben sich Zweifeln und auch dem Misstrauen,
nur wenige suchen den Tag zu entwirren.

76
Selbstgerecht

Selbstgerecht der Mensch zuweilen,
wenn er meint, er hat verstanden,
sucht eilfertig rasch zu eilen,
wird mit Schuldzuweisung branden.

Auf sich schaukelnde Gesellen
und Gesellinnen zuweilen,
machen Terz und solche Wellen,
wieder Hass in ihren Zeilen.

Unverständige Gemüter,
ungemütlich, Emotion,
immer wieder auch verfrühter,
da sie kaum Verstehen schon.

77
Wie kommen wir

Wie kommen wir Menschen zu Sinn und Vertrauen?
Wie finden verschieden wir Menschen ein Ziel?
Wann werden wir lieben das innige Erschauen
der Freude, die selbst ist ihr eigenes Spiel?

Wie werden wir finden das Lächeln der Zeiten
und tragen das Leid bis zur Heilung hinauf?
Wann wird sich uns öffnen der Wahrheiten Weiten
für all unseren Wert der Menschheit Verlauf?

78
Die Frage von Frieden und Krieg

Schaue, Freund und Freundin, wer nur startet mit Gewalt?
Wo beginnt Gewalt den Aggressor hin zu treiben?
Wann ist ihre Zeit schon da, reif und auch schon bald
lädt dich ein ihm seine Grenzen deutlich auf zu zeigen?
Wartest du zu lang auf eine Einsicht jenes Dreisten,
wird gerade er dich suchen sie für ihn zu leisten.

Leider, Freund und Freundin, jedes ernst gemeinten Friedens,
sind auch jene Grenzen klar persönlich auch zu sehen,
denn das Grollen und das Hassen eines falschen Liebens
von der Pracht will auch als Macht eitel sich verstehen.
Wann entscheidest du dabei, ja wie du dich verteidigst?
Den Respekt und auch den Frieden, auf den du dich beeidigst?

79
Geworden

Geworden der Mensch, was soll er so sein,
im Werden befindet der Kaktus sich auch,
die Rose, der Baum, selbst der Sonnenschein:
alles ist hungrig zu wachsen am Strauch
des ewigen Alls aus dem zeitlosen Nichts,
schreibt allen Sinn ein jeden Gedichts.

80
Freundschaft

Freundschaft betrachtet, mit Fragen und Sinn zum Verstehen,
findet leicht sich bedroht, wenn der Freund noch nicht reif.
Wenn der eine was will und nicht geben kann gut,
wird der andere das spürn und zu schützen sich suchen.

81
Beziehung

Bezogen auf *was* am anderen Menschen, im dichteren Raum,
wird die Beziehung gelingen und stetig respektvoll da sein?

82
Reibung

Es reiben sich die Partner bis zur Wärme schon bei Tag,
dann wird es ihnen auch gelingen die Nächte zu bestehen.

83
Grenzen auflösen

Immer ist's die Grenzerreichung, die uns Leiden schafft,
Piksen nah am Bauch lässt uns verteidgen, was bedroht.
Diese Drohung, nicht real, der Raum dafür so eng;
Leidenschaft im Leiden schafft die Grenzen aufzulösen.

84
Schlängeln Gedanken

Schlängeln Gedanken aus dunklerem Raum in be-
    wussteren Geist,
Nebel gleich Schlieren entfleuchen dem ewigen Nichts
    in die Welt.

85
Stets Schuld

Der eine wird finden stets Schuld an dem andern,
Gewissen versauen und die Stimmung verbrennen,
da unschuldig freut sich der andre zu wandern
mit jenem Gespielen beim Lebenerkennen.
Wenn nicht allzu oft und nicht allzu tief
reicht jenes Besticheln, mit mahnendem Blick.
Die beiden wohl dennoch die Liebe sehr rief,
da diese erfordert in Leiden Geschick.

86
Sauer

Sauer ein Tropf gerade die trotzige Mahnung spricht aus,
schluckt sie der Bauch eines andern mit schweigendem Weh.

87
IST ETWAS WESENTLICH ANDERES ALS – II[1]

Mit jemandem persönlich über sein Anliegen zu sprechen
ist etwas wesentlich anderes als
mit jemandem über sein persönliches Anliegen zu sprechen.

*

Fragen zu stellen und Antwort zu suchen
ist etwas wesentlich anderes als
Antwort zu geben und fragend zu zweifeln.

*

Zu tun und lassen, was man will
ist etwas wesentlich anderes als
zu lassen, was man tun will.

*

Jemandem etwas nachzutragen
ist etwas wesentlich anderes als
jemanden zu tragen und nachzufragen.

*

In Freiheit still gefunden zu sein
ist etwas wesentlich anderes als
im Stillen seine Freizeit zu genießen.

*

Im Augenblick sich gefunden finden
ist etwas wesentlich anderes als
etwas im oder am Augenblick zu finden.

*

Sich zu wichtig zu nehmen
ist etwas wesentlich anderes als
sich richtig wichtig zu nehmen.

*

Sich nicht wichtig zu nehmen
ist etwas wesentlich anderes als
Wichte nicht wichtig zu nehmen.

*

Ein Wicht, der sich wichtig nimmt
ist etwas wesentlich anderes als
ein Licht, das dies wichtig nimmt.

*

Richtige Entscheidungen zu treffen
ist etwas wesentlich anderes als
sich zu scheiden und nicht mehr zu treffen.

*

Nebensächliches zur Sprache zu bringen
ist etwas wesentlich anderes als
es hauptsächlich der Sprache zu entnehmen.

*

Kritik nicht zulassen
ist etwas wesentlich anderes als
Kritik nicht zu lassen.

*

Diskussionen anzuheizen
ist etwas wesentlich anderes als
Debatten anzuregen.

*

Gespräche zu führen
ist etwas wesentlich anderes als
im Dialog zu sein.

*

Reden zu schwingen
ist etwas wesentlich anderes als
Vorträge zu halten.

*

Vorträge zu halten
ist etwas wesentlich anderes als
Moral vorzuhalten.

*

Moral vorzuhalten
ist etwas wesentlich anderes als
einen Spiegel zu halten.

*

Einen Spiegel zu halten
ist etwas wesentlich anderes als
jemanden zu konfrontieren.

*

Jemanden zu konfrontieren
ist etwas wesentlich anderes als
in Konfrontation zu gehen.

*

In Konfrontation zu gehen
ist etwas wesentlich anderes als
einen Krieg zu beginnen.

*

Einen Krieg zu beginnen
ist etwas wesentlich anderes als
zu beginnen sich zu verteidigen.

*

Zu beginnen sich zu verteidigen
ist etwas wesentlich anderes als
zu verteidigen, was nicht angegriffen wurde.

*

Die Lüge am Beginn des Krieges
ist etwas wesentlich anderes als
der Krieg am Beginn der Lüge.

*

Der Sieg am Beginn der Lüge
ist etwas wesentlich anderes als
der Sieg am Ende der Wahrheit.

*

Die Wahrheit am Ende der Lüge
ist etwas wesentlich anderes als
die Lüge am Beginn der Wahrheit.

*

Die Wahrheit am Ende des Krieges
ist etwas wesentlich anderes als
die Wahrheit seiner Lügen Beginn.

*

Im Fernsehen Werbung zu konsumieren
ist etwas wesentlich anderes als
im Fernsehen für Konsum zu werben.

*

Im Internet Influencer zu sein
ist etwas wesentlich anderes als
jemand zu sein, der das Leben beeinflusst.

*

Dass Leben sich entwickeln wird
ist etwas wesentlich anderes als
dass Entwicklung lebendig bleibt.

*

Lebendigkeit zu nähren
ist etwas wesentlich anderes als
sich von Lebendigkeit zu nähren.

*

Freude anzureichern
ist etwas wesentlich anderes als
an Freude reich zu sein.

*

Dem Leben ein Lächeln zu schenken
ist etwas wesentlich anderes als
sich im Leben das Lächeln zu schenken.

*

Leben und Leiden zusammen zu sehen
ist etwas wesentlich anderes als
gemeinsam Leben und Leiden zu verstehen.

*

Trauer in der Nacht zu sehen
ist etwas wesentlich anderes als
traurig die Nacht zu verstehen.

*

Die Nacht am Tage zu schauen
ist etwas wesentlich anderes als
in der Nacht dem Tag zu vertrauen.

*

In der Nacht den Tag zu schauen
ist etwas wesentlich anderes als
am Tag in die Nacht zu schauen.

*

Pulsierendes Licht im Walde leuchten zu sehen
ist etwas wesentlich anderes als
den leuchtenden Wald pulsierend und licht zu sehen.

*

Vor den Fernseher zu kommen und zu schauen
ist etwas wesentlich anderes als
zu schauen in das Fernsehen zu kommen.

*

Vor die Menge zu treten und eine Rede zu halten
ist etwas wesentlich anderes als
in der Menge zu treten und von der Rede nichts halten.

*

Reden schreiben für Anlässe
ist etwas wesentlich anderes als
aus einem Anlass heraus eine Rede zu schreiben.

*

In eine wohlhabende Familie hineingeboren zu sein
ist etwas wesentlich anderes als
wohlhabend geworden zu sein.

*

Ein reicher Mensch mit einem armen Charakter
ist etwas wesentlich anderes als
ein armer Mensch mit einem reichen Charakter.

*

Ein kluger Mensch mit wenigen Fragen
ist etwas wesentlich anderes als
ein einfältiger Mensch mit vielen Fragen.

*

Eine Frage nicht zu beantworten
ist etwas wesentlich anderes als
auf eine Antwort keine Frage zu stellen.

*

Auf eine Antwort eine Gegenantwort zu geben
ist etwas wesentlich anderes als
auf eine Frage eine weitere Frage zu stellen.

*

Vertrauensvoll nach der Wahrheit zu suchen
ist etwas wesentlich anderes als
zu ersuchen einer Wahrheit zu vertrauen.

*

Bestehendes Wissen zu lernen
ist etwas wesentlich anderes als
zu lernen im Wissen zu bestehen.

*

Die Suche nach Weisheit zu beginnen
ist etwas wesentlich anderes als
aufzuhören das Wissen zu verstehen zu suchen.

*

In den Augenblick hinein zu hören
ist etwas wesentlich anderes als
den Augenblick nur anzuhören.

*

Eine Fähigkeit zu beherrschen
ist etwas wesentlich anderes als
an einem Ziel angekommen zu sein.

*

Den Weg als das Ziel zu erkennen und zu erfahren
ist etwas wesentlich anderes als
das Ziel im Weg zu erkennen und zu erfahren.

*

Den eigenen Weg gefunden zu haben
ist etwas wesentlich anderes als
ein Ziel gefunden und verfolgt zu haben.

*

Auf einen Weg zu zielen
ist etwas wesentlich anderes als
einen Weg zu verfolgen.

*

Einen Weg zu sehen
ist etwas wesentlich anderes als
ihn zu gehen.

*

Eine Antwort, die ans Herz geht
ist etwas wesentlich anderes als
ein Glaube, der in den Kopf steigt.

*

Keine Fragen mehr zu haben
ist etwas wesentlich anderes als
keine Zweifel mehr zu besitzen.

*

Immer noch eine Frage zu kennen
ist etwas wesentlich anderes als
keine grundlegenden Antworten zu haben.

*

Immer noch eine Antwort zu wissen
ist etwas wesentlich anderes als
gar keine Fragen mehr zu stellen.

*

Ein Bild zu malen, das gefällt
ist etwas wesentlich anderes als
zu malen, weil's gefällt.

*

Sein Dichten an der Mode auszurichten
ist etwas wesentlich anderes als
zu verzichten mit der Zeit zu gehen.

*

Einen Einfall aus Zufall weiter zu verfolgen
ist etwas wesentlich anderes als
zufällig einen Einfall zu haben.

*

Einem Einfall zu vertrauen
ist etwas wesentlich anderes als
nur einen Gedanken zu haben.

*

Gültige Sätze zu schreiben
ist etwas wesentlich anderes als
Sätze zu schreiben, die grammatikalisch korrekt sind.

*

Schuld zu ergründen
ist etwas wesentlich anderes als
nach Schuld zu suchen.

*

In Beziehung miteinander zu leben
ist etwas wesentlich anderes als
zu leben und sich aufeinander zu beziehen.

*

Sich einander Freiheit zu gewähren
ist etwas wesentlich anderes als
sich in dieser Freiheit zu bewähren.

*

Ein oberflächliches Vertrauen gemeinsam zu vertiefen
ist etwas wesentlich anderes als
in einem tiefen Misstrauen noch Vertrauen zu suchen.

*

Sich selbst zu vertrauen die richtige Entscheidung zu treffen
ist etwas wesentlich anderes als
sich zu entscheiden das Vertrauen in die Zukunft zu verlegen.

*

Einen Hund zu erziehen
ist etwas wesentlich anderes als
eine Beziehung zu ihm aufzubauen.

*

Ein Schweigen auf sich beruhen lassen
ist etwas wesentlich anderes als
die Ruhe zu haben ein Schweigen zu belassen.

88
WASSERTROPFEN

Ein einziges Wort genügt und eine ganze Welt voller
    Verse erscheint,
wie ein Wassertropfen, der dem Ozean gleich, alle Fül-
    le schon trägt.

89
DURCH DEN ÄRGER

Durch den Ärger des andern erschreckt im Bauche
    zusammengezuckt,
die Gefahr so zeigt sich stets – und die Frage: „Was ist
    denn los?"

90
SO TRAGE VERTRAUEN NICHT

So trage Vertrauen nicht leutselig an andre heran,
sie misstrauen dir sonst ob deines aktiveren Wollens.
Vertrauen ist mehr ein Geben und kaum noch ein Nehmen;
des warmen Lächelns Respekt kann man nicht zwingen.
Es wird zuteil, wie ein Vollmond so häufig und klar.

91
ERFREUT UND FINAL

Stimmt es dich zufrieden, wenn dich Freunde loben?
Setzt du dich dann hin und wirst nun nichts mehr tun?
Wirst du dich dann lieben, sehen sie dich oben?
Oder wirst du stetig weiter gerade wieder ruhen?
Lass *den* loben, der gut loben kann und dich erfreut.

Stimmt es dich nicht kritisch, wenn Freunde jäh vermeinen,
du auch könntest besser noch dein Werk nur für sie tun?
Wirst du dann nicht lieber diese Freunde klar verneinen,
grade wenn dir schon die Werke aufrecht tiefer ruhen?
Lass das ruhen, was ruhen soll und war dir schon final.

92
Die eigene Form

Nicht nur in der Kunst der Mensch sucht seine eigene Form,
das größere Leben an sich entwickelt stets die solchen.

93
An jedem Menschen

An jedem Menschen lässt sich finden,
was noch nicht ganz vollkommen ist.
Der eine sucht dort ihn zu binden,
da der sich selber noch vergisst
und noch nicht ahnt, für ihn auch gilt,
der andre bald hat auch ein Bild
des Ideals, das niemals wahr,
wenn nicht die Liebe ist schon nah.

An jedem Menschen lässt sich ahnen,
die Sorgen um den inneren Frieden
dem Menschen diesen Frieden nahmen,
weshalb es schwer fällt doch zu lieben
und Kampf zu der Verteidigung führt
das Unvollkommene zu schützen
und jeder das Vollkommene kürt,
da es allein verspricht zu nützen.

An jedem Menschen lässt sich lieben,
all jenes unvollkommene Ding,
anstatt ihn dafür noch zu hieben,
gibt eine Liebe ihm den Sinn
daran zu wachsen und zu nähren,
was Mangel ist und noch nicht reif,
sich an den Weisen auch zu lehren,
dass darin ist ein jeder gleich.

94
MIT DEM MORGEN

An jedem Mensch ist stets was Unvollkommenes zu finden,
vollkommen wird nie Liebe sein, die sich verzeihen muss.
Doch dann wär' Liebe doch vollkommen, wenn's ihr stets gelingt.
So *bleibt* die Suche nach der Liebe auch mit dem Morgen *offen*.

95
APROPOS MÜNSTER

Wer schmäht den Staat und sucht ihn für sich umzubauen,
braucht nicht zu hoffen Richter schmähten ihnen gleich.

96
LASS UNS REDEN

Behalt deinen Ekel für dich,
er wirklich interessiert mich nich'.

*

Jammre mir nicht in die Ohren,
das machen nur narzisstische Toren.

*

Drohe mir nicht mit der Trennung,
die basiert nur auf der Verkennung.

*

Warum nur täuschst du weiter
und hörst mir selten zu?

*

Lass uns reden – reden, reden – miteinander
und bleiben Schätze – Schätze, Schätze – füreinander!

97
Was ist die Schuld

Was ist die Schuld, die manche andern geben
für jenes Fehl, das doch auch ihnen fehlt?
Was heißt Geduld in Zuge unsres Lebens,
die doch Vertrauen zu sich viel tiefer wählt?

Wer schaut das Schmähen jener guten Leute,
des klugen Ringens um den besten Sinn?
Wer sieht und trauert ihnen um die Beute,
die würd' erkämpft mit einem eitlen Kinn?

Du mach es anders und auch korrigiere
dich selbst dabei, da sie ein wenig Recht
schon haben, da der Mensch auch inszeniere,
was an ihm ist noch nicht geworden echt.

98
Gelingen

Gelingen hört sich an nach Klingen
des Werdens einer guten Zeit,
wenn Freude wird im Herzen singen
und nagen kaum am Tag ein Leid,
mit dem Erfolg nicht zu vergleichen,
da Ziel ist's nicht, was Klingen sucht,
und Geld wird niemals dafür reichen,
denn Freude ist schon gut betucht
und strebt nicht nach den eitlen Dingen,
da Sinn wird mehr dem Herz gelingen.

99
Mal schauen

Mal schauen, wohin die Wege führen,
die sich voraus mir zeigen heut.
Ich will den Augenblick stets küren
mit der tief inniglichen Freud.

100
KLUG ZUNÄCHST

Werd klug zunächst und weise dann
auf deinem Weg durchs lange Leben;
such, was du bist und was dir kann
noch möglich sein der Welt zu geben.

Getraue dich, in jungen Jahren,
auszuprobieren, was dich freut;
doch sei dir dabei auch im Klaren,
dass lang dein Herz vielleicht noch scheut.

Denn wenn dein Kopf die Hoheit hat,
vielleicht dein Herz noch nicht erschaut,
wie dich ein Sinn des Kósmos mag,
der zeigt, wie Liebe auferbaut.

So liebe, was du kannst und bist,
vertraue dir und lobe Sinn
der Klugen, denn da ist die Frist
nie wieder möglichen Beginns.

101
KÖRPER-GEIST

Der Körper krank, der Geist agil
und jammert nicht und klagt kein Leid.
Der Geist versorgt den Körper viel
mit Tee und Obst durch diese Zeit.

Der Körper fühlt, der Geist erschaut
den Zufall ob des Fleisches ringen.
Der Geist der Medizin vertraut
der Klugheit ihn gesund zu stimmen.

102
Jenen Klang

Hörst du jenen Klang des Herzens nicht genau,
Welten dir diktiern, mit ihrem Geiste deine Zeit,
fragen nicht nach dir, ob's dir beliebt im Leben.

Hörst du jenes stille Herz bei Nacht schon, wie am Tag,
trägt dich jener Frieden frei zu tieferer Freude hin,
wagt es nun mit dir froh diese Liebe anzuschauen.

103
Wiederholen des Falschen

Wiederholen des Falschen lässt wahr bald erscheinen
die Lüge, Betrug, die Täuschung der Zeit,
die Menschen so werden dabei noch vermeinen,
die Welt sei so böse und noch nicht bereit.
Dabei ist's der Glaube, Wiederholen des Gleichen,
der ihnen stets bringt die Wirren und Leid.

104
Wahrscheinlich gut

Wird warm dir das Herz und lächelnd dein Geist,
wird weit dir die Sicht und kraftvoll dein Mut,
weißt du, was du willst, weil's dein Können beweist,
dann wirst du auch werden und wahrscheinlich gut.

105
Inmitten die Zeit

Inmitten die Zeit sind hinein wir innig geboren,
Äonen zurück und Jahrtausend voraus eine Welt,
die auch ist inmitten die Zeit hinein stets verloren,
noch damals der tödliche Speer und heute das Geld.

106
Der kleine Mann – und die kleine Frau

Der kleine Mann, er sucht durch Kampf
der Worte dich zunächst zu führen,
um dann der Welt, mit seinem Krampf,
den Krieg als großen Sinn zu küren.
Doch da auch kleine Frauen irren,
die Kinder Weh im Leben spüren.

Der kleine Mann, er sucht das Wort
recht kunstvoll sich zu komponiern,
schreibt dies und das in einem fort,
doch wird er noch nicht echt kapiern.
Denn da auch kleine Frauen schreiben,
der seelische Hunger wird verbleiben.

Der kleine Mann, er sucht den Sieg
durch Worte und im eitlen Sport,
lernt eifrig Wissen, das ihm lieb,
doch bleibt gefangen er am Wort.
Und da auch kleine Frauen er fängt,
der Welt verbleibt der Kriege Mord.

107
Nicht ein einziges

Nicht ein einziges Muster genügt für die Welt in Frieden zu leben,
fruchtliebende Vielfalt die Menschen bedürfen auf
Erden zum liebenden Glück.
Entfaltet die Menschheit schließlich sich nicht als ein
einziges Obst in die Welt,
fähig sie ist zu den Säften des Wissens, der Kunst und
befriedenden Ethik.

108
An den Vögeln und sich selbst

An den Vögeln hat der Mensch erschaut, was fliegen heißt;
an sich selbst muss er verstehen, wie *Frieden* wirklich wird.

An den Vögeln meint zu erkennen er, was Freiheit meint;
an sich selbst muss er beweisen, wie Leiden heilt.

109
Der wertende Geist

Der wertende Geist wertet ab und auch auf,
er wertet den Dreck, den Glanz und die Freud,
empört sich und klagt und bestreitet den Lauf
des eitlen Gehabes, im Gestern und Heut.

Des wertenden Geistes Tendenz ist ersichtlich,
er trennt sich und meint das Falsche zu kennen,
und nicht erst seit heute, doch vielmehr geschichtlich;
sehr schwer ihm schon lange fällt sich zu erkennen.

Der wertende Geist wehrt ab und greift an,
wird Krieg nicht dem andern eitel erklären,
doch schweigend begründen, vor ihm allein dann,
durch Waffengewalt und die Bomben ernähren.

Der wertende Geist ist verschieden von dem,
der Fakten beschreibt und Wahrheit uns sucht,
der wertende Geist nämlich ist hier bequem,
weil er stets und gerne die andren verflucht.

110
Pflichten

Täglich sind Pflichten, auch jenseits der Arbeit, uns
zu erfüllen;
sie als Pflicht nicht zu spüren, heißt freier im Leben
und Tage bestehen.

III
Unterstehe dich

Unterstehe dich die Wahrheit einen Dreck zu heißen!
Du vielmehr musst sie suchen, Mensch, sonst wirst
 du töten wollen.

112
Es ist

Es ist, was ist und hier geworden,
das All sucht sich stets neue Form
in Raum hinein, dem Geist verborgen,
der Mensch erhebt Gesetz zur Norm.

Es ist gewesen manch Erscheinung,
der Kósmos trug schon viele vor
den eigenen Blick bald der Verneinung,
dass Ewigkeit meint nur ein Tor.

Es ist und wird stets Neues werden
in jedem Raum, fast-ewig wahr,
die Wesen werden alle sterben
nur einmal, endlich, immer dar.

113
Glaubst du an Zufall?

Glaubst du, dass dieses Dasein hier nur Zufall sei
 schon immer?
Wo kommt denn dann die Ordnung her, die uns ist
 zu erschauen?
Wer wählt das Stück voll Harmonie der Lieder der
 Musik?
Wer findet der Gesetze Sinn und formt die Wirklich-
 keiten uns?
Wer baut am Frieden auf der Erde, da du doch findest
 sinnig dies?
Nur wenn du akzeptiertest Krieg, hat Zufall dich er-
 griffen.

114
LEBENSFREUDE UND ENTSCHIEDENHEIT

Die eine freut so gerne sich,
wenn Menschen offen sich begegnen
und lacht zu dem Vertrauen hin,
da sie sich will mit ihnen segnen
mit Leben, das dem Herz entspricht
und rührt der Liebe gute Sicht.

Der andre ist so gern entschieden,
wenn Klarheit menschlich ist gefragt,
doch er sucht auch, wie sie, ein Lieben,
das tief Vertrauen freundlich wagt
mit Menschen, die respektvoll ehren,
was lange noch ist zu vermehren.

Der eine lernte so von ihr,
was Freude ist ob all des Leid
und fand ergänzend deren Wir
durch auch der Nachbarschaften Streit,
da dort auch sie von ihm erkannte,
wie die Entschiedenheit dies nannte.

Die beiden sollten glücklich sein,
da sie das Herz und er der Kopf,
und beide stark so nicht allein,
da nur der Nachbar war ein Tropf,
worauf der eine Herz sich nahm
mit jener anderen, entschieden warm.

115
TAGESPOLITIK UND SCHNUPFEN-NASE

Tagespolitik wird leidlich überschätzt
von den Leuten, die sie gründlich missverstehen;
wer glaubt, die Welt nur drehe sich um seine Schnupfen-Nase,
wird im Verschnupftsein dem Narziss die Nase schnäuzen.

116
VON DER VERNEINUNG

Der eine will partout dies nicht,
der andre will's besprechen.
Der eine ist nicht wirklich licht,
er grenzt nah an Verbrechen,
da er auf Nein legt sein Gewicht
und nicht auf das Versprechen
Unsinn zu schaun in jener Sicht,
die sieht den Drang zu stechen,
da andre auch sind nicht erpicht
und wollen sich gerne rächen,
da sie zudecken gern die Schicht
zu ihren eignen Schwächen,
weshalb es ihn so gern anficht,
wenn andre wollen besprechen.

117
LASS HINTER DIR

Bei manchen bleibt nichts mehr zu sagen, wenn sie meinen,
es besser sei zu gehen woanders hin, da du
doch hast daheim schon lang genug gelebt für dich,
sie wollten dich auch nicht noch unterstützen, wie noch nie.
Dann lass sie hinter dir und hoffe nicht auf Zeiten,
wo jene sich besinnen könnten menschlich dir zu sein.
Geh in die Welt, ins Land und Meer der Unerschöpflichkeit
und suche nach dem schönen Sinn, der in dir blüht
und der zur Frucht dir wird, wenn weise du auch bist.

118
CHANCEN

Was wird aus uns, in diesem Leben, das wir geworden sind?
Wir gehen hin und kommen nie wieder in dasselbe Haus.
Wer ist gerecht? Wer irrt? Und wer schon sucht danach?
O Freund und Freundin, schaue klar, es sind uns große Chancen!

119
SO MANCHMAL

So manchmal möchte ich so gerne
dem Nachbarn eine runter hauen,
damit er sieht, wo stehen die Sterne
und ich mir wieder kann vertrauen,
denn seine Trotz-Impertinenz
mich provoziert zum Haarergrauen.

Doch da er offenbar auch gerne
möcht diese Tat an mir erschauen,
damit ich vor Gericht dann lerne,
womit er würde dann zuhauen,
lass ab ich von der Vehemenz
und werde durch ihn durch nun schauen.

Indem ich ihn stets ignoriere
und seine Kinder, die gern klauen,
die schon die Arroganz besitzen
von ihrer Eltern Furcht-Misstrauen.
Wer nicht die Fakten akzeptiert
hat nie das Leben hier kapiert.

120
ZUGLEICH

O Freund und Fremder, du, zugleich,
nimm wahr die Wahrheit und den Fakt,
dass ich werd niemals mit dir weich,
doch stark, entschieden, doch du nackt
schon stehst vor mir in unsrem Reich,
das nicht nur dir allein, sogleich.

121
DAZUGELERNT

Schau, wie Kinder schon streiten um Haben und das Wollen,
später, erwachsen, der Mensch lernt nicht dazu – am Krieg.

122
HUMORLOS

Humorlos ist der Jammerlappen,
der trotzig Politik aufmischt,
der von und zu, mit eitlem Wappen,
der gerne Lügen dort auftischt
und mit dem großen Mund des Bieres
gern auch das Schnitzel sich auffrischt.

Humorlos ist der motzige Kopf,
der klagt, weil seine Nase läuft
und er sich nicht an seinem Schopf
schon packt, damit er nicht ersäuft,
und respektiert nie Gegenwart,
da ihn die Eitelkeit beträuft.

Humorlos ist stets das Verbrechen,
das sich anmaßt ein Recht zu sein,
das willkürlich wird rasch zustechen,
wenn die Gelegenheit wird sein,
geplant auch und sich vorgenommen:
obsiegen führe es zum Wein.

123
KÜMMERE DICH

Kümmer um Wahrheit und Fakten dich,
ohne die Wahrheit wird Lüge zum Fakt.
Kümmer um Liebe dich und um Vertrauen,
schau in die Welt und lehre sie Sinn.
Kümmer um dich dich und finde ein Schauen,
Freude im Herzen, mit Ernst als Gewinn.

124
TRAGE UND FINDE

Trage zunächst klug die Fragen der Zeiten im Herzen,
finde die Freude der seelischen Rührung sodann.

125
EIN GEDANKE

Zwei Doofe, ein Gedanke,
den sie nun stimmig hörn,
und keiner dabei schwanke,
da sie sich glatt verschwörn.

Der eine gibt ne Flanke,
der andre wird verstörn,
da dieser daran kranke,
dass sie sich schon gehörn.

Der erste aber danke
nicht jenem das Verschwörn,
vermeint ob seiner Pranke,
die Dinge ihm gehörn.

Zwei Doofe, ein Betrug,
da beide sich nicht hörn
gut zu, da sie Bezug
von Gold sich nur beschwörn.

126
ENTKOMME NICHT

O fremder Freund, entkomme nicht
dir selbst in diesem Leben schon
ins Reich des Zank und Trotz-Gericht
und höre still des Friedens Ton.

O freundlich fremd empfinde ich
das Drängen deiner Narrensicht
und sehe deines zu dem Stich
des Irrtums hin, da du erpicht.

O schaurig sehe ich die Zeit,
die du erfüllst mit eitler Leere,
verfangen noch in einem Leid,
das leider dich zu sehr beschwere.

127
WIE SOLL DENN – O POLIZEI?

Wie soll denn auf Krieg der Mensch reagieren?
Wie soll er dem Nachbarn am Trottoir begegnen?
Wenn jene ihn sticheln und es nicht kapieren,
dass Fakten sind Fakten, die nicht sind zu segnen,
doch nur anzuschauen, um sie zu begreifen,
damit es nicht Blut und Schaden wird regnen?

Wie soll uns ein Frommer, mit Frieden und Lieb',
dem Krieg nur begegnen, der ihn bald bedrängt?
Was wird nur geschehen, wenn Frieden nicht blieb
an diesem Gerechten, der nie sich verfängt
und grad in den Krieg will niemals einsteigen,
doch mehr jenem Wahren des Daseins sich neigen?

Wie soll denn, ihr guten Gesetzesversteher,
Gesetz noch gehalten, wenn es schon gebrochen?
Wenn schon jener Nachbar wird auch zum Verdreher
der Fakten, an denen er hat sich verbrochen?
Wird erst ein Gericht die Schuld wirklich sehen
und Opfer und Täter im Lichte verstehen?

Wie soll denn ein Mensch, der Richter schon ist,
die Wahrheit der Täter, die Täter sind, sichten?
Ist an diesem Richter nicht schon was vermisst?
Vielleicht das Verständnis den Menschen zu lichten?
Da er am gesetzten Gesetze sich labt
und kaum jenen Menschen vertiefend sich wagt?

128
WER FINDET SICH AB?

Wer findet sich ab mit der Welt, wie sie ist?
Wer fragt nach dem Sinn, den die Welt unterdrückt?
Wer sucht nach der Klarheit, die niemals vergisst,
dass uns nur *gemeinsam* der Frieden hier glückt?

129
ERGRIFFEN VON EINEM SINN

Sind wir im Wandel der Zeiten ergriffen von einem Sinn
Frieden zu mehren, zu geben, zu suchen, zu schauen Vertraun jener
    Freud
täglich zu wirken, die Schöpfung zu ehren bei Nacht mit dazu,
Glück uns so sei, da wir sind, was wir sollen auch sein hier gewiss?
Denk nicht gering von den Fragen der Zeit und fast-ewigem All,
immer ist, was wir schon sind, als Gewordensein gütig der Fall.

130
DEM SINN VERTRAUEN

Was hält manche Menschen nur ab zu verstehen,
was Sinn ist und Freude ihm tief zu vertrauen?
Was lässt sie nur kämpfen entgegen dem Sehen,
dass all ist gerichtet und sucht sich zu schauen?
Wer wollte bezweifeln das Land liegt schon da,
bereit für das Werk der Früchte recht nah?
Wer sucht, wurd gesagt schon lang her, wird finden,
die Fragen zu schauen, um sich zu entbinden.

131
ERZIEHUNG VERSUS BEZIEHUNG

Wie wollte die Welt den Menschen erziehen,
wenn jung er an Jahren Funktionen nur lernt?
Wie sollte der Mensch dem Sinn nicht entfliehen,
wenn von Traditionen er sich doch entfernt?
Welch Weisheit wird helfen den Frieden zu finden,
dem Menschen das Glück ein Sinn schon geworden?
Welch Wissen sagt Ja zum sich selber Finden?
Und welches ist noch im Kriege verloren?
Erziehe nicht jene, beziehe dich mehr
auf Liebe, Vertrauen, denn das ist auch schwer.

132
KOMM MIT

Komm mit auf die Reise
mit zu dem Beweise
hin zu dem, was leise
in Frieden uns ist.

Das Leben hat Preise
und auch manche Scheiße
von solchen mit Meise,
wenn du dies vergisst.

Dann bleibt dir die Weise
zu lernen im Kreise
von dem, was schon weise
du tiefer schon bist.

133
VOM MÜSSEN UND TUN

Wenn keiner müsste, was er tut,
wär freier diese Welt und gut,
da er und sie sich selber fänden
zu schaffen mit den eigenen Händen.

Wenn jeder täte, was er müsste,
er tiefen Sinn ergänzend küsste,
da er, wie sie, an andre dächte,
an Frieden und der Liebe Mächte.

So tut ein jeder, was er kann
und sorgt für sich und andre dann,
so gut es geht das Sein zu wagen,
um letztlich sich davon zu laben.

134
Bewegend ruhende Erde

Es ruht uns die Erde, bewegend im All,
trägt Leben und Geist, geworden aus Nichts,
nicht ganz ist sie rund, doch blau dieser Ball,
die Menschen auch messen die Wellen des Lichts
und zudem Impulse von Teilchen beim Stoß
und auch beim Zerfall aus dem kosmischen Schoß.

Es rührt uns ein Frieden so manchesmal tief,
wenn wirklich die Stille des Herzens erfüllt
den Geist auch im Tode, wo kein Ego rief
nach Klagen und Jammern in das es sich hüllt,
da klein jener Ruf in dem ewigen All
ins Leere jäh führt, da die Fülle der Fall.

Es leidet der Mensch zwischen Leere und Blau,
zwischen Ego und Welt, an der Fülle der Zeit,
sie sucht einen Mann und er eine Frau,
um zeugen zu können das Neue im Leid
und um zu entfalten den Geist aus dem Nichts
hinein auf die Erde des bläulichen Lichts.

135
Insel Kos

Ich wünsche euch die kluge Zeit
der Reise auf die Insel Kos.
Dort sei die Freundschaft Ewigkeit
für Frieden aus der Götter Schoß.

136
Sucht sich ein Mensch

Sucht sich ein Mensch in den tieferen Fragen Sinn zu erhellen,
findet er Alltag, mit Pflichten und Kür, ohne jammernde Klagen.
Leid findet er oder sie nicht allein in den Welten entfernt,
doch auch wird er sich in dem Leid die Antwort der Fragen wagen.

137
KEINER WILL UND WIRD

Keiner will und wird sterben gesund und auch fröh-
      lich in diesem Leben;
sterben der Mensch muss krank geworden daher, er
      an sich, durch die Zeit.

138
VOM WISSEN

Wenn alle das Wissen uns müssten hier wissen,
blieb keine verständige Klugheit mehr da,
die uns froh ersuchte das Neue zu wissen
und frei zu erkennen den Augenblick wahr.
Denn jeder Moment wäre zu, durch das Wort
des Wissens an jenem unmenschlichen Ort,
da nun völlig unfrei, vom Wissen gefangen,
nichts Neues an Licht würde zu ihm gelangen.
Doch *so* wird die Welt der Menschen nur werden,
wenn sie jener Zeit aus dem Gestern nicht sterben.

139
JA, JA, DIE EGO-WELT

Jemand meint, die Ego-Welt sei doch so furchtbar schlimm,
vergisst die andren Ego-Welten, zu denen er und sie gehörn.

140
ALS PHRASE NICHT

Suche das Ego als Phrase nicht stetig zu ächten,
wähne dich über dem Ego nicht eitel gehoben.
Traue das Leid zu verstehen, das es bestimmt,
musst dieses Ego natürlich daher nicht loben;
weißt aber schon, wie schwer der Mensch damit ringt?

141
„MÄRCHENSTUNDE"

Sie grinste sich die Wange krumm
und gab es doch nicht zu,
das Wort des Mannes war nicht dumm,
und sagte nur „Ach du!".

Sie lachte innerlich, gefasst
und suchte zu verbergen,
dass ihr des Mannes Wort schon passt,
an dem sie konnt sich stärken.

Sie suchte dann nach einer Flucht
und zeigte schließlich doch,
ihr Mann ist eine große Wucht,
an dem sie freut sich noch.

142
VERNEIGEN

Sie hatten zehn Jahre schon frisch und auch frei
gelebt miteinander und nicht einerlei
dem andren die Treue gehalten und mehr,
sie wussten, es war zuweilen auch schwer.

Sie sorgten für Sprache und Ansagen auch,
getrauten sich Ärger, der aus ihrem Bauch
ins Häuschen einfloss, zu äußern, mit Weh,
damit doch der andere den Punkt auch versteh.

Doch auch es sorgte die tiefere Freude
für den entspannten Humor in dem Heute,
da ihnen die Basis im Grunde stets passte
und keiner den andren abgründig schon hasste.

Vielmehr war's Respekt und Anerkennung
des anderen Weg und Ego-Erkennung,
das ihnen den Eindruck von Liebe so zeigte,
da jeder noch immer sich doch noch verneigte.

143
Gemeinsam gelang ihnen

Gemeinsam gelang die Menschlichkeit,
im Sichten und Spüren des anderen Leid,
indem sie bestanden in Ängstlichkeit
die drängenden Wirren der dornigen Zeit.

Es waren die Rosen wild wachsend im Land,
geschnitten ins Fleisch lebendiger Blüte,
die ihnen gereichten zur Wunde der Hand,
doch letztlich nicht in deren treufrohe Güte.

Verzeihen stand ihnen geschrieben im Herz
des tieferen Geistes voll Frieden und Sinn,
fast gleich war die Trauer des ewigen Schmerz
im immer erneut angegangenen Beginn.

144
Finden in Stille

Finden in Stille wir Trost heute noch in einem Leid,
sucht sich im Frieden die Liebe selber zu heiln;
nimm jene Stille recht ernst, langweile dich nicht,
traue dem Augenblick tief, da *Du* darin bist.

145
Trottoir

Einer trat hin auf's Trottoir, getragen von eitlem Stolz,
meinte das sei sein Besitz und machte keinerlei Platz.
Kannte nicht Raum in der Brust, kannte geistige Enge,
daher zum Sticheln die Lust, mit seiner dreisten Strenge.

146
Faktische Niederlage

Einer nicht hatte verwunden die faktsche Niederlage,
da er noch Fakten schmähte, die der andere erklärte.

147
Die Tragik der Zeiten

Die Tragik der Zeiten gebiert sich durch Trotz,
durch Wollen und Haben von immer noch mehr,
die Reichen erscheinen den Armen als Protz,
die Armen erscheinen den Reichen als leer.

So wenig gelingt diesen beiden die Freud,
dass Ausgleich zu schaffen sei jedem heut,
denn sind doch die Menschen gleich und verschieden
und könnten sich neu und tiefer noch lieben.

Doch was nur verhindert die Fakten zu schauen,
die Wahrheit zu kennen, verschieden und gleich
der Mensch ist, wenn er vertraut dem Misstrauen
und sucht sich für sich nur sein eigenes Reich?

So glaub nicht Verteilung sei daher der Weg,
Gesetze gesetzt sind, Gewalt sind, nicht Liebe,
die Erde braucht Herz, das darin besteht
zu geben, dass keinem die Not hier verbliebe.

Doch Not ist uns gleich und macht uns verschieden,
die Drohung, dass Leben nicht fruchtbar gelingt
und wir kaum entfalten die Fähigkeit Lieben,
da einsam, verlassen uns keine mehr klingt.

Nur du hast den ganzen Weg schon in dir,
getraue gerecht all die Fragen zu schauen
und kümmre allein nicht, doch auch um das Wir
der Welten dich stimmig und finde Vertrauen.

148
Gutes sich findet

Gutes sich findet durch Suchen der stetigen Aufrichtigkeit,
kaum sich betrogen und andere nicht ob deren Belügen,
treu sich, dem Guten, dem aufrechten Gange innig vertraut
und getragen das Weh jeder Zeit, Gewalt sich nicht fügen.

149
IHM ABER

Ihm aber genügte die Stärke noch nicht,
die er im Leben schon hatte
und gönnte dem anderen nicht das Licht,
das diesen noch immer aussparte.

Ihn aber ergriff unseliger Neid
und Geiz auch mit dazu,
er war im Grund dafür nicht bereit,
den andren zu erkennen als Du.

Ihm aber wurde kaum Menschlichkeit,
Vertrauen kaum und kaum Verstehen,
da in ihm herrschte die Ängstlichkeit,
die er nicht konnte schon sehen.

150
STETS JUBELN MILLIONEN

Stets jubeln Millionen dem Superstar zu,
erheben ihn auf den goldenen Olymp;
er ließ sich nicht lumpen und packte schon zu,
mit einem Talent, nicht nur schon als Kind.
Doch all die Millionen mit Sehnsucht und Traum?
Wo schenkt der Gerechte Millionen den Flaum,
den Frieden, sich selbst, zu finden und ehren,
den Sinn dieses Daseins auf Erden zu mehren?
Sag nicht diese Welt würd niemals gerecht,
such selber den Sinn deines Lebens tief echt.
Und glaube eilfertig nicht du hättest schon –
es geht immer weiter, auch ohne den Lohn.

151
DEM EIGENEN VERTRAUEN

Wer Ruhm sucht muss nicht nur dem Eigenen vertrauen,
doch auch auf das Glück und wertschätzende Freunde.

152
Jener glaubte zu verstehen

Jener glaubte zu verstehen, wie es um den andren bestellt,
nennt ihn Verlierer, verkennt, dass er damit verliert
menschlichen Wert und Respekt vor der simpel lernenden Zeit,
eitel geglaubt der finale Mensch, wäre fertig, wie er,
nicht Entwicklung bedacht und die offen zuträgliche Zeit,
noch geschlossen im Geist, mit verfangen parteiischem Herz,
untreu dem Sinn und Respekt, finalisiert bis über den Kopf.

153
Sie

Sie Verschwörung besangen, da sie Unmenschen warn,
angekommen noch nicht, im lebendigen Hören des Sinns,
nicht gesucht und verflucht jene Fragen ein jeglicher Zeit,
kalt geglaubt sie wüssten sämtliche Wahrheiten schon.

154
Kopf und nicht Herz

Wer wollte bezweifeln den Unsinn von solchen Gesellen,
die Fragen nicht stellen und Antwort eilfertig geben,
vermeintlich zum Nutzen für eine bessere Welt,
im Kopf schon entworfen, doch nicht im Herzen schon tragend.

155
Wer wollte noch glauben

Wer wollte noch glauben der Jammernden Klagen und Trotz,
da sie von Beginn an die Galgen dem Staate gezeigt
und durch ihre Worte die Sache kam in den Dreck,
missdeutet die Fakten – und Wahrheiten kalt ignoriert?
Wo läge der Wert jenes Kriegs, der die Fragen erstickt
und Atmen in Freiheit verbietet, weil Gewalt nur beherrscht,
was selbst nicht beherrscht jene Furcht vor der Zeit,
die Tod in sich trägt, den sie anderen antun.

156
Politik, Kritik und das Völkchen

Die einen nehmen sich in Acht nicht Eindruck zu erwecken
es könnte ihnen gleich erscheinen, wie es dem Volk ergeht,
obwohl sie doch dafür gerade ihre gute Arbeit tun.

Die anderen, sie schaun dem Volk aufs Maul genau,
entlarven dessen Dreistigkeit in Anbetracht der guten Zeit,
da so nie war verwöhnt der Mensch zuvor, wie heut.

Das Völkchen aber, das nie kann zufrieden stellen sich,
beklagt, im eitlen Trotz, recht eingebildet Dinge,
die dann, genau betrachtet gar, nur luftige Nummern sind.

157
Ungerechte Kritik

Wo manche – ungerecht – sich in Kritik hier dreist ergehen,
sie werden bald Kritiker töten, wenn sie einst Macht erlangen.

158
Gehorchen

Einer hier meinte, es ließe sich ändern die Welt nicht,
zeigte Resignation, da dem Krieg der Welt er gehorchte.

159
Es fliesst wohl

Es fließt wohl die Zeit in die Ewigkeit hin,
entfaltet als Kósmos und Wissenschaft sich,
sucht sich stets hier und auch dort einen Sinn,
und manche vermeinen er zeigt sich im Stich.

Was läge jäh Gutes darin, zu bekämpfen
den Frieden des andern, der Frieden auch ehrt?
Wer würde nicht gern mit dem Frieden des andern
frei wandern, der ihm nicht sein Herz sich verwehrt?

160
Status und Leistung

Ein Status unbedingt ist nicht mit Leistung gleich zu sehn,
Doktoren sind zuweilen nicht in jeder Sache firm,
da doch die Menschen gleich-tief sind in der Verschiedenheit.

161
Die bessere Lösung

Einer meint, manchmal, er wüsst' die bessere Lösung schon,
doch fehlt ihm noch der klare Blick in manche der Details.

162
Die Antwort selbst

Manche Menschen finden einmal doch die Welt zu wild,
trauen nicht mehr jenen, die von Dos und Donts gern reden,
stellen Fragen, still und sinnig, in das Herz des Seins hinein,
kommen an im Frieden – und Antwort sind sie selbst dabei.

163
Inmitten

Inmitten der Äonen
wurd Menschlichkeit und Sinn,
davor die Jahrmillionen,
danach der Welt Gewinn
den Frieden zu betonen
für stetigen Beginn
den Wert uns zu belohnen:
die Freude am Ich-Bin.

164
Entmachten

Wenn, unvorsichtig, Ungeist dieser Welt zur Macht gelangte,
wird edler Geist die Wege gehen ihn schnellstens zu entmachten.

165
BEQUEM UND MÜDE

Einer erstickt die Tatkraft des andren und redet die
    Chancen ihm schlecht,
selbst nicht aktiv mit dabei, doch bequem und müde
    am Fernseher gezappt.

166
KAMPF UND BEZIEHUNG

Die Politik führt keinen Kampf,
sie führt bestimmt Beziehungen;
vermeiden will sie jenen Krampf
dem guten Frieden zu entfliehen,
indem sie ihrem Ärger Luft,
fatal den Nachdruck geben würde.
So bleibt sie friedlich in der Würde
nicht selbst die Würde zu verliern.

167
NEU UND ALT

Jeder Augenblick ist neu und alt zugleich,
war noch nie und trägt sich Altes in das Heute weiter.
Ändert aber alles und auch nichts gewiss:
Bleibt die blühende Blüte, die fruchtig werden soll,
still und leis, durch Anstrengung und Kraft, in ihm.

168
APROPOS VERNUNFT

So red uns nicht ein, Vernunft gäb es nur eine hier,
du meinst wohl, dass jeder vernünftig sei auf seine Weise
und jeder ein Recht daher habe am Kuchen Anteil zu nehmen?
Die einen wollen ihn aber ganz alleine haben.
Vernunft, Freund, ist, wie die Wahrheit in Stufen zu sehen:
Die eine gerechteste oben – unten die vielen im Krieg.

169
Über einen Geschichtslehrer

Manche Wirre vermeinen, wer Geschichte studiert hat und lehre,
habe schon etwas zu sagen, seine Worte hätten Gewicht.
Wicht aber mehr als Gewicht ist mancher Verirrte der solchen.

170
Selbst belogen

Sagt der eine Ja zum Schmutz,
haut er gleichsam auf den Putz,
kehrt das Bröckeln nicht zusammen
und verachtet auch Erbarmen,
wird die Lügen Wahrheit nennen,
schuldbezichtigend verkennen,
was es zu erkennen gibt,
dass Vertrauen weiß, was liebt.

Da er aber Liebe hasst
hetzt er gerne und verschasst,
dreht die Dinge um und meint,
wir sind alle angeleimt,
angeschmiert und groß betrogen –
doch er hat sich selbst belogen!

171
Vervollkommnung

Macht ein Mensch, was er kann, woraus er auch Freu-
           de bezieht,
Kraft wird er haben den eigenen Weg zur Vervoll-
           kommnung zu gehen.

172
Herbeilachen

Manche gehen den Weg irgendwie, lernen kaum wirklich dazu,
landen geistig im Dreck und lachen sich schmutzig Erfolge herbei.

173
GLANZVOLL

Glanzvoll sorgt ein Mensch für Staunen,
wird zum seltenen Superstar,
und die Welt sorgt für das Raunen,
dass ein Held ist ihr nun wahr.

Doch die meisten, ohne Klatschen,
ohne Jubeln und das Schreien,
holen sich vom Leben Klatschen,
immer wieder wird es sein.

Nur die Seltenen der Äonen
sorgen für Inspiration,
suggerieren uns ein Lohnen,
doch nur wenigen wird der Ton.

Wo nur soll der Mensch das Glück
sich im Leben wirklich finden?
Hat er es nicht schon ein Stück
auf dem Wege zu entblinden?

Welches ist die klare Sicht
auf den treuen Augenblick?
Nur derjenige bleibt ein Wicht,
den sein Geist verführt zum Trick.

Grade aber jene Weisen,
die natürlich Frieden sind,
lassen finden sich im Leisen,
wo dem Mensch das Dasein klingt.

Alle die Majoritäten
müssen etwas andres tun,
da sie sich um sich nur drehten,
wenn sie nicht in sich schon ruhen.

Glanzvoll wird dann jede Zeit
sein dem Menschen, der sich fand

auch in einem Sinn und Leid
pfadlos in dem weiten Land.

174
Was einer über Possy meinte

Er meinte, weil der Posbyschil
mit seiner Frau gesehen wurde,
und er ihr kaufte Blümchen-Pril,
da er doch mit ihr lächelnd tourte,
sei nicht so schlimm sein Possenspiel,
und weil die Truppe ihm schon spurte,
sein Brüllen zähle nicht mehr viel
da keiner ernsthaft dabei murrte,
da dies doch sei der Truppe Ziel,
ob des Gehorsams treuem Spiel.

Denn aneinander Vertrauen zu suchen,
zu fragen, zu schauen und genau zu hören,
das würde die Truppengemeinschaft stören,
weshalb der Possy dürfe schon fluchen
und sich auch gegen jenen verschwören,
den manche der Truppe sodann verfluchen,
damit dem Possy die Wichte gehören.

Weil doch die Wichte gerne spuren,
um mit den Frauen auch zu touren.
Das zeigte klar die miesen Konturen
der Sache der Truppen Gewaltabfuhren.

175
Klein ist das

Klein ist das Großmaul der heutigen Zeit, der vermeint,
das größte historische Übel sei noch nicht absolut böse.
Übel wird einem bei solcher infamen Dreckheit.

176
Vom Pochen auf das Recht

Das Recht scheint manchen nur ein Pochen
auf dies und das und das Gesetz.

Doch wer sich lässt nicht unterjochen,
der wird verstehen dies Geschwätz,
da ihnen doch die Basis fehlt
und einer damit durch will kommen,
da er nicht besseren Sinn sich wählt
und daher bleibt als Mensch verkommen,
da doch so mancher, doch nicht alle,
wählt die Gewalt und stellt die Falle
den Menschen, die nicht gut nachdenken
und auch den besseren Sinn verschenken.

Doch gib gut Acht, es kann auch sein,
dass hier das Recht ist wohl gegründet,
da es nicht aus dem Bauch allein,
doch aus Vernunft schon hier heut mündet,
was bleibt zu hoffen, sollte sein.

Doch ist Gesetz auch stets gesetzt,
weshalb gegründet nur der Schein
entpuppt sich doch als ein Geschwätz,
weil es Interesse und Historie
auch heute ins Gesetzbuch schreibt.

Doch das Interesse ist die Glorie,
wenn es viel tiefer neu verbleibt
und viel genauer uns ausdeutet,
was heut und morgen gleich uns lässt,
was vormals dreist hat sich erbeutet,
ob der Verschiedenheit zum Rest.

Was aber uns gebührt zum Frieden,
ist gleich und doch gewiss verschieden.
Drum pochen wir nun darauf so,
damit das Recht neu werde froh.

177
VON VIREN UND ROSEN

Aus Viren werden keine Rosen,
aus Hunden keine Fische wohl,
den Tieren sind noch keine Hosen
geworden, was erschien recht hohl.
Es war, was heut geworden ist,
einst noch auf dieser Erd vermisst.

Was wählt des Lebens Wege hier?
Wie wird, was wurde weiter gehen?
Wer will am Abend nur sein Bier?
Und wer möcht tiefer dies verstehen?
Bleib dran, wenn du schon Fragen stellst
und such danach, wie du's erhellst.

178
VON SONNEN UND PLANETEN

Menschen, die im Stillen stets die Arbeit tun und gut
trauen sich mit frohem Mut gewichtige Dinge zu beleuchten,
werden zu den Leuten stehen, wie Sonnen zu Planeten;
in gewissem Abstand nur, wird Frucht daraus erwachsen.

179
VON WÄLDERN UND ÖDNIS

Leben, mit erfrischten Sinnen, in frisch lebendigen Wäldern,
sorgt für den klaren Geist im Holz ob jenem guten Boden.
Leben, ohne klaren Sinn, mit faulen Argumenten,
wird Ödnis in die Herzen säen ob jenes Geistes Trotz.

180
VON TIEREN UND GÖTTERN

Wenn manche meinen, dass sie Götter wären, auf dieser Erde,
weiß einer dieser Götter doch, dass Menschen Tiere sind,
die sich derweil erheben über, durch irrigen Geist vermittelt,
den Sinn die Wahrheit zu erkennen, dass sie tief-einsam sind.

181
Von Bergen und Meeren

Manche Berge zu erklimmen, da auf dem Wege sie
    doch liegen,
täuscht die Wandernden ob jenes Ziels, das sich im
    Augenblick erreicht.
Wer die Berge sich zum Ziele setzt, kann's auch im
    Augenblick erreichen.

Manche Meere zu durchschiffen, da sie für's Tauchen
    sind zu tief,
täuscht die Fahrenden ob jener Tiefe, die sich im Au-
    genblick erfährt.
Wer die tiefen Meere und die Weite sucht, kann's auch
    im Augenblick erfahren.

182
Von Pfeifen und Schnitzel

Die Pfeifen pfeifen den Ungeist vom Dach und beim
    Fest auf der Insel,
sie zeugen unpfiffig als Trolle vom Schlage des dum-
    men Vermögens,
unsäglich verirrt an dem Trotz das Leben noch nicht
    zu begreifen.

Die Pfeifen grölen sich Schnitzel in Teller und trun-
    kene Krüge,
verachten Respekt und den Anstand vor dir und mir
    und dem Fremden,
getäuscht an sich selbst, der Familie und ihrem verei-
    telten Geist.

183
Von Dummheit und Wahrhaftigkeit

Wahrhaftig einer verkennt, im Verirrtsein, den eigenen Wert,
verirrt und dumm sucht Ärger ihn auf und findet den Hass.

184
Ergreife zu fest nicht

Ergreife zu fest nicht das Leben, wenn du schon ergriffen von ihm,
lass greifen dich sanft von dem Sinn, den all seine
Wahrheit bedeut'.

185
Befreie zu streng nicht

Befreie zu streng nicht die Welt, wenn befreit schon
ein wenig du bist,
entbinde dich klug von dem Irren des Geistes, das
dein Herz bald weniger betrübt.

186
Erkläre dich nicht

Erkläre dich nicht den Menschen, wenn geklärt du
schon bist,
kläre den Sinn dir in jedem Moment, da dir klarer die
Freude verbleibt.

187
Vertrauen und Begreifen

Vertraue nicht jenen Begriffen, wenn begreifen du
tiefer stets willst,
traue dem tieferen Griff das Schauen zu öffnen für
Wahrheit und Sinn.

188
Bewerte nicht

Bewerte die Menschen nicht nach ihrer Furcht vor
den Menschen und dir,
werte den Sinn deiner klareren Sicht als ungetrübte
Heiterkeit, die ihnen noch mangelt.

189
NICHT ÜBEL NEHMEN

Nimm den Menschen nicht übel, wenn sie dir per-
    sönlich verübeln,
dass Wahrheit du nennst ein Geschenk und auch
    einen üblen Besitz.

190
SCHAU DOCH MAL

Nun schau doch mal, wie dumm er ist,
er liest gar keine Bücher,
doch tut er so, er nicht vergisst
den Rotz der Taschentücher,
den er dir schnäuzt und dann bepisst.
Hab Acht vor jenem Dümmling, Freund.

So mancher mit Familie nur
und Job – kommt aber nicht zum Lesen,
er hätt' Talent und die Interessen,
doch muss er schaffen, um zu fressen,
weil doch die Menschheit halb noch Tier,
doch halb schon göttergleich geworden.

191
ALTERN MIT WÜRDE

„Altere mit Würde, Schatz",
sagte Willi zur Geliebten.
Sagte diese jenen Satz,
dass die Älteren mit Würden,
genau genommen über Hürden,
dieses Leben dennoch liebten.
Sagte Willi zu dem Schatz:
„Ja, das ist ein schöner Satz!"

192
Journalisten und Faschisten

Manche von den Journalisten,
geben Bühne den Faschisten,
wissen nicht, wie jene ticken
und dass Fremde die gern ficken,
weil Faschisten gerne pissten
auf die Würde guter Menschlichkeit.

Journalisten aber meinen,
Meinung sei kein bloß Vermeinen,
kein beliebiges Zerreimen,
doch notwendig für das Einen,
weil Verkopfte hätten Rechte,
wie Vertrotzte auch und Schlechte,
wie die Wahrheit aus dem Munde
aller, die uns geben Kunde:
jeder sei im gleichen Rechte,
und das sei doch das Gerechte. –

Ich sag's frei und auch gerechter:
hier wird stetig mir stets schlechter.

193
Lungenbrötchen

Mit ein jedem kleinen Lungenbrötchen
kommt man näher jenem ewigen Tötchen,
wo die Puste ganz nun Ebbe ist;
was der treue Raucher meist vergisst.
Da der Kippe er gibt seine Pfötchen,
wird er nicht nur *leben*, wie ein Hund.

194
Hunde auf Sylt

Hunde gehorchen und fressen aus Händen von ihren Besitzern,
schlucken den Fraß einfach runter, wie die Hetzer auf Sylt.

195
SKLAVEN MODERN

Sklaven, die sich selbst antreiben,
drängen hin zur Arbeit streng
andren sagen, was zu bleiben,
was zu tun sei, das ist eng.

Sklaven, die ein Scherzchen reißen,
doch den Ernst nicht echt verstehen,
werden mit dem Finger weisen
und Verrat sodann begehen.

Sklaven sind nicht echt entspannt,
sind kaum offen für den Sinn,
doch ansonsten recht gewandt
mit der Worte Sprachgewinn.

Sklaven sind die Sklaventreiber,
masochistisch, Arbeitswut,
krank, die all dem Spaß die Neider
und kaum Rückgrat oder Mut.

Sklaven wollen Sklaven sein,
meinen, sie verdienten Geld
mit der geistigen Kraft allein,
doch das meint fast alle Welt.

Sklaven wollen hoch hinaus,
sind noch unten, doch Entfliehn
jenem Sklavesein bleibt aus,
denn es gibt kein Weiterziehn.

Sklaven suchen das Befreien
von der Welt, die sie doch sind,
werden sich den Kämpfen weihen,
suchen, dass der Sieg gelinkt.

Sklaven suchen Geld und Fressen,
fressen tragisch selbst den Mord

eines Ungeists, der beim Essen
spricht dem Krieg befohlenes Wort.

Sklaven herrschen und auch dämeln
über keinen guten Sinn,
jene Sklaven daher ähneln
jenem Kampf für den Gewinn.

Sklaven herrschen an die andern,
die sie stets für dämlich halten,
werden rotten sich und wandern
durch Büros und Kampf verwalten.

Sklaven zeugen und auch beugen
sich vor Wahrheit nicht, im Grund,
denn es mangeln ihnen Freuden
guter Worte aus dem Mund.

Sklaven zeugen Sklaven wohl,
wenn sie Freiheit anvisiern,
denn sie finden Fußball toll,
weil sie mehr nicht wolln kapiern.

Sklaven treu die Arbeit tun,
finden in Karriere Sinn,
doch sie wollen faul ausruhen,
suchen dafür den Gewinn.

Sklaven treu nicht Fragen stellen,
frei gehorchen sie der Sicht,
nicht das Dunkle zu erhellen
und nicht zünden an ein Licht.

196
MENSCHEN IN ARBEIT

Menschen in Arbeit gern stehen und wirken mit gutem Gewissen,
fleißig und klug ihre Werke vollenden und neue anstoßen,
glauben sie haben gefunden den Schlüssel zum ewigen Glücke;
mahnen die andern genauso zu streben, sonst seien sie schuldig.

197
GESELLIGKEIT

Gesellig sind die Menschen gern,
doch meist noch unverbindlich fern,
wenn sie sich treffen um zu schlemmen,
den Tag, die Woche auszustemmen
und nach der Lebenspflicht zu quasseln
und sich die Wahrheit zu vermasseln,

da sie noch wirklich *Ernst* vermisst,
(der ihnen nicht Vertrauen vergisst),
weshalb sie Furcht vor dem Vertrauen
nicht haben wollen ob des Grauen
am Leben, still verzweifelt, leider
den Sinn zu finden nicht, echt heiter.

Doch mehr in albernen Gelächtern,
die bald auch dienen üblen Schlächtern,
die all den Menschen Kriege zeugen
und auch die Wahrheit lügend beugen,
sich von Vertrauen zu entfernen,
weil sie im Leben nicht gern lernen.

Geselligkeit ist aber wichtig,
doch bitte gerne dann doch richtig
mit hörn gut zu und auch den Fragen,
da sie sonst all die Guten „jagen",
wenn sie nicht kennen jene Wahrheit
all des Vertrauens in der Klarheit.

198
GESELLEN OHNE AUGENHÖHE

Gesellen kannte ich, ihr Freundinnen und Freunde,
die waren ungesellig und recht grob derweil,
sie waren überzeugt von ihrem Status heute
und sahen sich oben – und nach unten ging ein Keil
der Arroganz, die Augenhöhe nicht gekannt.

199
NOCH NICHT MAL KIND

Ach, haltet doch das Mundwerk, eures,
es ist so schmutzig und kein teures,
nehmt euch ein Recht, das ihr nicht habt
und schwätzt im Ungeist, angenagt,
von Schlechtem, das ihr missversteht,
da euch die Lügen umgeweht,
da ihr nicht Boden habt und Wurzeln,
drum werdet logisch ihr nur purzeln
und stolpern über die Prämissen,
die faktisch Wahres noch vermissen,
da ihr vergiftet und missdeutet,
da euch hat geistig schon erbeutet
infame Unterstellung und
der dreiste Geist des Lügenmund.

Ihr werdet meinen all dasselbe
und schön sie finden auch, die Elbe,
wie ich es meine, doch ihr Krummen
zeigt näher euch an jenem Schwummen
und Schwammigen, das zeigt sich klar,
wenn euch die Fragen sind nicht wahr
und euch ein schräger Typ versorgt
mit Lügen, die ihr euch geborgt
von ihm, weil ihr noch nicht einmal
erkennt, dass Lügner keine Wahl
für einen guten Staat uns sind –
hier seid noch nicht mal ihr ein Kind.

200
SCHNEE

Der Schnee von gestern ist manchen noch das Koks von heute,
weil sie den Schnee beklagen, der so kalt hier war
und leider sie, mit Ungeräumtem, am Gestern hängen.

201
NAZIS RAUS? – WO RAUS GENAU?

Nazis müssen aus den Köpfen
raus, da sie dort Feuer schürn,
Frisches müssen frei wir schöpfen,
zusammen uns zu Sinn berührn,
sonst wird's elendig ergehen
uns, wenn wir uns nicht verstehn.

202
„HALSSTARRIGE BEZEUGUNG"[2]

Der Bach war ein Genie gewesen,
zu seiner Zeit kaum anerkannt,
hat Harmonien neu gelesen
und uns notiert mit seiner Hand.

Er wusste das und fand sich wert
zur hohen Stellung nicht verkehrt,
die ausgehandelt, eigenmächtig,
er hatte sich zu Ehren prächtig.

Dies war dem Herzog, augenblicklich,
nicht wahr dem Range, der geschichtlich
ihm zugestand, ein Dorn im Auge,
weshalb der meinte: „Bach nicht tauge".

Der Bach ließ daraufhin Verbeugung,
mit „halsstarrigerer Bezeugung"
vermissen und ging in den Knast,
weshalb er wurd Verbrecher fast.

203
„DAS IST WIRKLICH WAS BESONDERES"

Das Seltene erscheint den meisten Menschen als besonders:
das seltene Genie, die Harmonie, der Frieden – doch kaum sie.

204
ANS HEMD SPIEGELN

Ich spiegle den Schmierern die Schmiere ans Hemd,
da diese beschmieren zu Unrecht und kalt
das Gute und Sinnige, Notwendige bald,
beschmutzt durch den Geist, der ihnen noch fremd.

Ich spiegle den Kalten das Eisige ans Hemd,
den Frost, den sie zeugen, das Klagen und Schreien,
da sie sich dem Sinnigen gar noch nicht weihen,
noch unverfroren die Lügen gestemmt.

Ich spiegle den Lauten die Töne ans Hemd,
all jenes Geschrei des dreisten Gezerre,
das uneins und unverständige Geplärre,
da dies sich im Hasse noch eitel verrennt.

Ich spiegle Infamen *nicht* dreist an ihr Hemd,
doch klar zu beziehen die Stellung im Wort
und um zu verhindern, was kommen kann: Mord,
bevor noch mehr Wahrheit die Fakten verkennt.

Ich spiegle dem Hass das Leiden ans Hemd,
an dem er negierte die Menschlichkeit schon,
hab da-bei den Klang der Heilung im Ton;
o Freund, schau den Sinn, der damit sich nennt!

205
IM HAUS NICHT ALLEINE

Ich sehe, verstehe, erkenne und meine,
der Mensch der Moderne übt Fähigkeit aus,
er hat dabei viele und nicht nur eine,
die Vielfalt schafft er im irdischen Haus,
wie jene Natur, die ihn hat erwachsen
aus all den Atomen, den Zellen, der Maus,
den Affen und Pflanzen, er ist nicht alleine,
vielleicht nicht im All, im kósmischen Haus.

206
DAMALS UND HEUTE

(Inspiriert von Wolfgang Niedecken und **BAP***)*

Verdammt lang her, dass ich all die Platten hörte,
Verdammt lang her, dass im Konzert ich war,
und auch die Zeit mir wurde, wie sie lief mir,
frei gesucht nach Sinn und eigener Herzensform,
nicht abgedreht, doch viel mehr selber Sinn gesät,
angeschaut, was Fragen ist.

Wer sich noch nicht befragt, wird an den Phrasen hängen,
Antworten mir und anderen diktiern,
sich ohne Scham die Menschlichkeit beschmieren
und vermeinen, dass all die Lügen wahr.
Es ist lang her, dass ich dies alles nicht begriff
und am Leid fast zerbrochen wär'.

Ich weiß heut mehr, als all die Majoritäten,
da mir die tiefste Tröstung jener Stille sich ergab,
traute frischer mich dabei die Freiheit ernst zu nehmen,
und vertraute Weisen jeder Menschheitszeit,
das kommt vom Nichts, aus jener Ewigkeiten Freud,
noch beschmutzt von Geschwätzigkeit.

Das ist noch das Joch, an dem die meisten leiden,
immer noch nicht satt, trennen sie sich mit Cut.
Den Wolfgang von Goethe ersetzt durch Hinz und jene Unart
all dieses Geists, der den Widerspruch noch liebt.
So viel geschah, doch ist der Augenblick mir heut frisch,
es kommt mir vor, als geschieht es immer, wie es soll.

Verdammt lang her ist alles,
verdammt lang her ist gar nichts.
Verdamp lang her.

Fragst mich, wann ich zuletzt den Bass gespielt hab?
Ob mir das Wort nun letztlich tief genügt?

Ob ich das Leid nun mit Menschlichkeit umfange?
Ob mich die Liebe nun endlich frei berührt?
Mir scheint die Zeit, die mir bleibt, grade zu gelingen,
doch weiß ich auch, es endet ganz bestimmt.

Verdammt lang her ist alles,
verdammt lang her ist gar nichts.
Verdamp lang her.

Verdammt lang her, dass ich Musik gespielt hab,
verdammt lang her, dass um Mitternacht ich ging.
Und dass die Zeit trägt unsere tiefen Melodien,
so intensiv, dass mir die Tränen wieder kommen.
Hätte ich gewusst, dass die Liebe sich erfüllt,
wär ich nie so stark aus Leiden entstanden.

Verdammt lang her ist alles,
verdammt lang her ist gar nichts.
Verdamp lang her.

207
GENIESSEN UND GIESSEN

Frisch und frei im Atem jenen Sinn stets ohne Wort genießen,
klug und stimmig all den aufflammenden Trotz in Weisheit gießen.
Könnte der Menschheit, auf längere Sicht, solch Frieden gelingen?
Wollte der Atem zum All uns nicht diesen im Tun der Bewegung
        vermitteln?
Was *noch* spräche dafür? O Freundin und Freund der Liebe im Le-
ben mit Herz?

208
KEINE OPTION

Suchst du das Glück, so gehe durch jedes Leid ohne Jammern,
ohne das Klagen, doch frei jene Liebe zu schützen, die du bist
und willst sein einmal irdisch, denn der Hass ist keine Option.

209
DEN KRIEGSDIENSTVERWEIGERERN ALLER ZEITEN

— Gewidmet —

Zu andren Zeiten lagen Schatten über Sinn und Frieden,
der Tod war Held und auch der Mord war akzeptiert,
ein Glaube an den Gottes Sohn führte ans Kreuz sodann,
wenn einer ließ bezeugen seinen tiefen Friedenssinn.
O Du uns ewig der Gerechte und auch wahre Lebensfreund,
warst jäh gerichtet von Pantoffelhelden und dem Beil
der Feigheit vor dem Frieden und all der Drückebergerei,
die sich verweigert ins Gespräch der Fragen frei zu gehen,
um Menschlichkeit im Sinn der Würde innig zu beweisen.
Der Mord an dir rührt mich noch nach den einundachtzig Jahren,
da Du die Großmaulschlächter ewig in den Schatten stellst
und ihnen ihren Platz beleuchtest, den sie nicht sehen können –
Du bist das Licht des Friedens, Freund, der Würde Ewigkeit.

In unsren Zeiten sucht die unsre Welt eine Verteidigung
entgegen jenen Aggressoren abzusichern und zu schaffen,
dass jenes Übel des Beginnes der Gewalt nicht trete ein,
so bleibt zunächst die Rüstung nicht dem Krieg gewidmet,
doch um zu schrecken jene ab von einem ersten Stich ins Land.
Bedenke, Freund ein jeder Zeit, der du mit dem Gedanken spielst
die Friedlichkeit zu wahren: Die Macht sei stets in guten Händen,
der Klugen, die jene Kraft besitzen Schürenden zu widerstehen,
die lügenvoll und hetzerisch dich mit Gewalt Entfachenden,
da die dem Tod gehorchen und nicht dem klugen Frieden, Freund.

Den Frieden, der uns sucht, gewinnen wir nicht durch die Waffe,
doch wenn du all die geistigen Fragen schaust und Antwort suchst
und offen lässt so manche Frage aus dem harten Geist der Zeit,
der noch verirrt, im Drängen um das Recht, die Lüge kalt vermeint.
Durchschaue stets, bereits im familiären Kleinen, jenen Sinn,
der potenziell und in der fremden Welt, dort draußen, Feuer meint,
und manchmal, mit des Friedens Wasserstrahl, du löschen musst
des Feuers Traum von Lügenden, dem Tode schattenhaft geneigt,
die um das Feuer stehen, in das sie dich und sich zu werfen drohen.

Du Freundin und du Freund, wann wirst du Frieden sein gewiss?
Wann willst du dich dem Leben weihen und jenen Tod negieren?
Und nicht verehren im Geheimen ihn, wie jene Aggressoren?
Wann willst du dich beginnen lassen jene Wahrheiten zu schauen
und dich, zu aller erst, befragen, frisch und wahr, am Seelengrund?
Die freie Welt lässt Chancen dir und uns, ergreif' entschieden sie,
schaue bereits von Anfang an, wie andere mit Zweifeln untergehen,
indem sie Fragen von den Tischen der Geselligkeiten wischen.
Du wirst am Irrtum anderer und deinem eigenen dich prüfen,
da Wahrheit jeden Irrtum, klug und friedlich, sich entlarvt.

Kann es gelingen, Freund und Freundin, je? Frieden auf der Erd?
Die Schuld der anderen ist ihnen doch ein unerkanntes Leid,
das dich mit Tod bedroht, wenn du den Frieden willst und Krieg
verweigerst, den sie schüren, weil sie im Lebenshass so leiden
und andre leiden lassen wollen, da sie im Irrtum krank vermeinen,
dass Leiden ende einmal jäh und könne ihnen nie mehr wehe tun.
Den Frieden, den du suchst, sucht auch der Irrende gewiss,
doch irrt der Irrende sich dreist, in seinem Leiden, an sich selbst
und wird die anderen, die Welt und dich zu täuschen willig suchen.

Das Wort ist immer voll mit ungeweinten Tränen, Freund,
verspüre auch das ungelebte Leben, das in dir nach Frieden ruft,
nach Freiheit und dem eigenen Sinn ja endlich doch geliebt zu sein.
Gib niemals auf und gehe weiter, wie du gehst den Tag zu schauen
und zu befragen auch die Nacht mit ihren Sternen, wenn sie sind,
doch auch, wenn Wolken oben ziehen, zieht irdisch dich die Freud
in jene Tiefe eines Augenblicks, da auch im Leid ist Ewigkeit.
Vertraue Sinn, dem wahren Wort, im prüfenden Beschauen,
was immer froh zu sein sich schickt, doch Leid erneut gebiert.

Komm nun und gehe deinen Weg, der Frieden ist im Augenblick,
die Fragen dir entfalten sich, auch mit der Zeit, in dein Gemüt,
und Tränen werden zeigen sich, auch dann, wenn Wege hinter dir,
sowie voraus dich frisch beseligen das Leid zu transzendieren,
du Mut in dir schon spürst den Tod nicht mehr zu fürchten
und du es nicht mehr nötig siehst der Welt die Kämpfe zu erklären.

210
Das grosse Haus

Das große Haus des Reichen Sepp
stellt dar die aufgeblasne Hülle
des Egostrebers und noch Depp,
der braust in jäh zu großer Fülle
und meint, der Beton in dem Haus
macht seine Größe wirklich aus.

Das große Haus ist viel zu groß,
weil auch geflunkert er hat keck
mit Menschlichkeit, die er stellt bloß
durch Urteil seines Schnodderleck
im Geiste, dem ein Herzensgrund
fehlt ihm aus seinem eitlen Mund.

Wer glaubt denn an die olle Phrase,
dass Geld gut von Charakter zeugt
und edel sei der Reichtum Glase,
da man so schön die Armen beugt
damit, weil doch die meisten Leute
echt gierten nach der großen Beute?

Wer ist gerecht und hat kapiert,
wie unrecht unsere Welt noch ist?
Wem ist noch dabei infiltriert,
dass Gleichheit uns als Mensch bemisst?
O Freund, was glaubst du noch die Phrase,
dass Leistung füllt verdient das Glase?

Schau hin, wie es dort überfließt
in die Natur den Dreck einbringt,
den Schmutz im Geiste noch genießt
und von Erfolg und Siegen singt;
denkst du vielleicht, in diesem Sinn,
an noch mehr Gold mit Reingewinn?

Denk dran, Freund, dass es sie doch gibt,

Gerechtigkeit, die Frieden lässt,
weil besser doch die Menschheit liebt,
wenn gleich wir feiern uns das Fest
der Herzlichkeit, die ohne Neid
trägt tiefer sich zur morgigen Zeit.

Noch gestern war es nicht so schön,
doch heute ist es besser schon
und morgen hör ich klar die Tön
gelungener Freude und den Lohn
des Anstands, wo der Mensch erkennt:
der Frieden auch die Wahrheit nennt.

Die Wahrheit, liebe Leute, schaut,
sie gibt es doch, das sei genannt,
wer sie frei sucht, der hat vertraut
der Zeit, weil er schon Sinn auch fand
und menschlich Menschen gleich erkennt
und in Verschiedenheit benennt.

Nicht gleich gemacht, doch so behandelt
und einzigartig angeschaut,
weil wir erkennen, wie sich wandelt,
was Selbstverständlichkeiten traut
und Freiheit ehrt, sowie den Frieden
für eine Welt, die ihn will lieben.

Nicht schmutzig auf sie drauf geschaut,
nicht abgewunken und verlacht,
doch Recht recht neu dann angebaut
und wirklich menschlich angedacht,
dass nicht das Gestern uns bestimmt
allein, doch's Heute schöner klingt.

Das große Haus wird menschlich froh
nicht Beton, doch die Liebe sein,
nicht Ideal und auch nicht so,
wie gestern schon einmal daheim,
doch ganz real, weil in den Mühen
wir Menschen auch gerecht erblühen.

211
LEHRE UND LEERE

Leere die Lehre von diesem und jenem Gemeinten,
stelle die Frage, die noch nicht wurde gestellt,
noch nicht berufen zu finden, wie wir uns einten
Menschen recht friedlich zu lieben, die Sinne erhellt.

Lehre die Leere von jenem recht fülligen Voll
jener Freude, die ist und leuchtet dem Herz,
Leid transzendiert und erkannt, was wirklich ist toll
an dem Dasein, gerecht, weil wir lindern den Schmerz.

212
LOBEN UND EHREN

Loben und Ehren soll gut sein, zunächst sei's genannt,
froh wir sind Gutem und brauchen den nahrhaften Frieden.
Einer und eine, vielleicht aber noch, hat's verkannt,
dies ist nicht alles, denn täuschen kann uns auch das Lieben.

213
LEBEN UND LACHEN

Leben wird tragbar durch Lachen und tiefen Humor in der Zeit,
jene Bewegung im Atem des herzlichen Raumes des freieren Geists,
trotzig nicht ist an den Kriegen der Welten auch nahe an ihm,
klug sich ersucht das Bessere stetig zu schauen und sicher zu tun.

214
LEIDEN UND LIEBE

Leiden wird Trauer erzeugen mit Wegen in Selbstmitleid.
Liebe wird meiden gewiss dies Dunkle und aufrecht verbleiben,
finden den Sinn jeder Zeit für den eigenen Weg im Moment,
klar in der Not mit der gütigen Kraft die Würde zu wahren.

215
DAS LERNEN DER TRICKS

Das Lernen einer Fähigkeit
sucht Tricks bald für sich zu beherrschen,
beeindrucken will er die Welt,
da ist der Künstler auf den Versen
der neusten Akrobatik und
des schnellen Schnalzens mit dem Mund,
doch auch mit einem Instrument,
weshalb er auch das Handwerk kennt,
die Technik, mit dem vielen Üben,
und all dem Frust mit seinen Schüben.

Man nennts Musik und hohe Kunst,
da doch die Tricks doch auch sind Kunst
von Zauberern realer Welt,
die uns entrücken von dem Dunst
mit Melodien nie zu tricksen,
weils dafür doch die Künstler gibt,
die dann zuweilen doch sich fixen,
da sie der Trick noch nicht echt liebt
und nur Instinkt geleitet schaffen,
wie auch das Denken baut die Waffen.

So baut der Mensch an der Kultur
in seinen vielen Welten frisch
und ist der Nahrung auf der Spur,
damit er decken kann den Tisch.
Und lobt die schönsten Tricks derweil,
weils so recht künstlerisch erscheint,
kein Fragen und kein Grund zum Weil,
doch da der Sinn ganz offen eint
im Frieden, der nun Grund besitzt,
und staunt, weil einer davon schwitzt.

216
SEI BEDACHT

Mancher erzeugt mit verbaler Gewalt jene Not, die
    geschändet sich fühlt,
tragisch zur Waffe gegriffen Respekt zu verlangen
    vom verbalen Aggressor,
bringt ihn der andere um, da geschändet will der sich
    nicht sehen durch das Wort,
Notwehr geäußert, auch weil die Gewalt nicht nur
    einmal ihm leidlich erging –
hat beendet, geschändet, der andre die Not doch ge-
    wiss, sei bedacht.

217
IM OBSTKORB

Renne nicht den Leuten hinterher, weil du noch Liebe suchst,
finde sie in dir gewiss, indem du selber läufst als Mensch,
falte jene Kraft dir aus, die zeigt, dass du was Eigenes bist,
doch nicht eigentümlich oder eigen, aber zugewandt
lebendig diesem Leben – die eigene Frucht im Obstkorb – sein.

218
EINE WEITERE FRAGE

Besser ist's bedacht nach einer weiteren Frage schauen,
lieber nicht verbal zum Gegenschuss den Groll ansetzen.
Ist es doch der Hass auf unabänderliche Trottel,
der entflammt, was doch ein Licht, nicht Feuersbrunst, sollt sein.

219
VON DER ANTWORT AUF DIE FRAGE

Was tut der Mensch gewöhnlich, leicht, wenn eine
    Frage ihm gestellt?
Er fürchtet sich, die Antwort nicht zu wissen und gibt
    rasch irgendeine.
Gewöhnlich ist die Furcht kaum klar, denn meist
    glaubt er an seine Antwort schon.

220
IM NEBENJOB DIE EIGENE MEISTERUNG

Im Nebenjob die Kunst zu pflegen,
zeugt von viel größerer Kraft und Wert,
als nur im Hauptberuf zu hegen
und nicht zu kochen an dem Herd
des konstruktiven Dienstes an
Gesellschaft, Mensch und auch dem Sinn,
da dies doch schon ein jeder kann,
wenn ihm Beruf ist ein Gewinn.

Ist doch die höchste Kunst real
an Welt *und* Muße interessiert
und engt nicht ein durch eine Wahl,
weil er nur ein solch Ding kapiert,
will doch der Mensch gewiss umfänglich
und tief sich bilden in dem All,
verwirklichen nicht nur gesänglich,
doch sachlich auch, konkret am Fall.

Drum sei ein Arzt auch Pianist,
ein Dichter auch noch ein Jurist,
die Krankenschwester Schreibende,
der Musiker der Psycholog,
Friseurin die still Schweigende,
die lehrt, worin das Wort uns trog,
der Ordnerchef der Philosoph –
und Sänger, ohne was, bleibn doof.

Mit diesem Sinn wird Leben voll
und auch erfüllt und konstruktiv,
erfahren in der Welt und Kunst,
verstanden Sinn und Dasein tief,
nicht eingeengt den Horizont
auf eine einzige Spitzenleistung,
doch diese Dinge gut gekonnt
und so erfüllt die eigene Meisterung.

221
Nicht jedes

Ich muss nicht springen über jedes Stöckchen,
das jemand hält mir vor den eigenen Gang,
und auch nicht lechzen nach den Antwort-Glöckchen,
da mir verbleibt nicht jene Furcht des Zwang
mich ängstlich zu erklären, zu rechtfertigen,
da ich bestimme doch der Würde Sang
und komponiere froh auch jene Löckchen
für all der Schönheiten des einen Klang,
da ich zu stricken weiß der Wahrheit Söckchen
für warme Füße stets – da mir nicht bang.

222
Viel mehr als

Viel mehr als das Geld ist es das Talent,
das größere Kunst und Wissenschaft prägt,
die Motivation für jenen Advent
des Schönen und Wahren, das Wirklichkeit wägt.

Was sollte der Mammon uns korrumpieren?
Was sollte das Schnöde uns kompromittieren?
Wir sollten dies nun im Herzen kapieren
und gleichsam Verschiedenes gleich engagieren.

Denn ist nicht das Geld die Motivation,
ist nicht die Gier jene treibende Kraft;
es ist jene Schönheit der Muße im Ton
und jene Wahrheit von Fakten, die schafft.

223
Vom Reflektieren und Hören

Die innere Sprache eines Menschen, im Wege einer Reflexion,
wird immer auch, in der Kritik, dem Rat und Freundschaftssinn,
das eigene Lieb und Weh erzähln, und wenn der Hörende gut hört.

224
Am Übel werden wir erkennen

Am Übel werden wir erkennen,
was übel ist und auch, was gut,
doch werden wir es nicht verkennen,
das Übel nicht und das, was gut.

Wir werden klar das Übel schauen
und wissen, dass es nicht genügt,
dass es zerrüttet und zeugt Grauen,
weil wir verstehen, wie es lügt.

Und dies Verstehen wird vertraut
gemeinsam suchen Sinn und Wert,
verdrängen nicht und niemand laut
und leise nicht, das wär verkehrt.

Gerade, aufrecht, Frieden zeugen,
vermitteln Sinn und Fragen stellen,
den Menschen nicht am Worte beugen,
doch suchen Trauer zu erhellen.

Und jene Einsamkeiten lindern,
indem wir klug Vertrauen schaffen,
durch Prüfen, wie wir überwintern
und offen bleiben und auch lachen.

225
Wie wohl soll es dem Mensch gelingen

Wie wohl soll es dem Mensch gelingen
mit anderen recht klug zu singen,
wenn *jene*, Dissonanzen schief
und schräg, noch nicht erhören tief?
Besonders wenn das Schiefe Macht
schon in der Welt erhalten hat?
Wir sollten träumen nicht von Harmonien,
wenn *jene* schönen Tönen fliehen
und meinen, sie seien schon voll Pracht.

226
SIE BLENDEN KURZ

Sie blenden kurz mit einer Phrase dich,
wenn sie das Miteinander dir betonen,
dich glauben lassen, dass ihr Stich
nun besser sei und würd sich lohnen.
Dabei hast du zuvor recht lang begründet,
warum zu kämpfen sei nun gegen Lügen
und du im Frieden bist und klar gegründet
dich falschem Wissen damit nicht zu fügen
bereit bist, weil du klug und weise siehst,
wie jene Uneinsichtigen nicht üben
und du nicht jäh, wie sie, den Fakten fliehst.
Doch jene bohren spitz, moralbeflissen,
und ignorieren all dein Menschheitswissen,
und drängen dich in ihre kleine Ecke,
wo sie das tun, was nur in ihnen stecke,
dich irrig anzuschmieren: ja *du* anschmiertest –
wo du doch besser dieses schon kapiertest.

227
WENN ABER DIE INTERESSEN SPALTEN

Wenn aber die Interessen spalten
und Kompetenz uns blenden soll,
dann sollten wir es lieber halten,
wie jene, die recht klug und voll
mit Wissen weise Sprache sprechen,
denn Schweigen darf es auch nicht sein,
da jene ebenso nicht schweigen
und Unsinn reden eifrig toll.
Daher muss lehren, wer es kann
all jene, denen mangelt Klang
und deutlich machen mit dem Wort,
wem geht die Ratio stetig fort,
durch Ratio und in guten Gründen –
und nicht nur durch ein knapp Verkünden.

228
VOM SPIEGELN

Jener spiegelte den andern, meinte Wichtiges zu sagen,
spiegelte das eigene Innere, sagte dir, was er nicht sagte.
Hörtest du, wie selbstgewiss er meinte, du seist hier gemeint?

*

Wichtig unbewusste Flucht, die spiegelte im Ernst,
ernst seist du im Wort gewesen, doch er wollt gerne Spaß.
Spürtest du, wie selbstverständlich er dich ignorierte?

*

Wichtig einem war das Antwort geben, jetzt und immer,
griff dich plötzlich an, wenn du zu viele Fragen stelltest.
Greifst du schon den Sinn, wie falsche Macht be-herrscht?

229
VOM DENKEN UND FRAGEN

Je älter der Mensch im Leben wird und je weniger er denkt,
desto mehr wird er den Fragen fliehen und Tiefe fürchten.
So wird nicht Weisheit werden denen, auf dem Sterbebett,
doch starre Furcht den Glauben finden, für die ewige Flucht.

230
EIN DICHTER MALT

Ein Dichter malt, recht lyrisch, uns in Bildern Szenerien
und wird am Ende Hosen und auch Rock herunter lassen,
indem die Farben enden mit dem hoffnungslosen Graus:
die Schuld ihm liege an dem Übel all der Menschen.
So sieht es manche Jury jener Dichterpreise auch. –
Was lob ich mir das Lebensleid, geträumt in farbenfroher Welt.

231
AUFRECHTES REDEN

Manche verwechseln das aufrechte Reden vom Leben
    mit „Philosophie",
nennen dies „zu tief und kompliziert", indem sie ih-
    ren Fragen fliehen,
selbst noch nicht ganz aufrecht geworden, mit Furcht
    vor dem Vertrauen,
neigen sie zu unaufrichtigem Betragen, indem sie sich
    und andre beugen
oder aber sich und kleine Führer groß erhöhen, da sie
    noch nicht selbst denken können,
und verwechseln damit Wahrheit mit den Lügen – du
    spürst es, wenn sie schuldig sprechen.

232
IM KREISE DES WORTES

Es drehen Menschen sich im Kreise
des Wortes der Geselligkeit,
negieren Fragen und Beweise
mit ihrer Antwort Schnelligkeit,
da sie noch nicht berührt sind leise
von jener Worte Helligkeit,
und finden Sachlichkeiten Scheiße,
da krumm sie denken, Eitelkeit
bestimmt das Wort aus ihrem Mund,

geträumt der Phrasen Position
bewusst und mit dem Blick auf Lohn,
da ihre Kreise stehen fest
verankert, wie auch all ihr Rest
der Meinung, auf der sie bestehen,
weil leider sie noch nicht verstehen
und leider an der Welt noch leiden,
indem sie sich nicht offen weiten,
geschlossene Welt ungeistiger Worte –
genau so kommts zu jenem Morde.

233
IM KREISE DER TÄNZE

Nun drehen wir uns im Kreise jener geistigen Tänze,
wo Punkt regiert und Basta unseren Takt bestimmt,
die Frage der Beweise scheint schon verpufft zu sein,
da schwerer als gedacht die Reise nicht gelingt.
Lass uns vielmehr und leise frische Fragen schauen,
damit der Tanz nicht ende – und wir uns bald vertrauen.

234
IM KREISE DER SUCHT

Es drehen sich Menschen im Kreise der Sucht
die Meinung zu äußern und keine der Fragen
Vertrauen zu finden fern unkluger Flucht,
da leider verschlossen sie Liebe nicht wagen
und Positionen besetzen im Feld,
weil so jeder Krieg findet statt in der Welt.

Es dreht sich das eitlere Denken im Kreis
der Meinung, die wichtig und richtig doch sei,
doch fehlt ihr der offene Fragen Beweis,
da sie noch gebunden an Phrasen nicht frei
und frisch das Vertrauen verspüren im Leid,
da ihnen der Krieg stets bestimmt ihre Zeit.

Es dreht so der Mensch zu früh ab das Wort
die Meinung zu lichten und Fragen zu stellen,
in wilderem Felde sich findet kein Hort,
wo ihnen die Sorge könnt Sinne erhellen,
drum bleibt ihnen dunkel das innere Sprechen
und werden belügen sich und auch zustechen.

235
IN DEN KREISEN DER LIEBEN

Dreht sich der Mensch in den Kreisen der Lieben alleine,
schaut er als Sonne oder Planet den kósmischen Pfaden entgegen?

236
SO MANCHE DICHTER MALEN FERN

So manche Dichter malen fern
der Wirklichkeit abstruse Bilder,
doch haben sie sich darin gern
und treiben Blüten damit wilder,
verliebt ins Wort der Wortekunst
bleibt ihr Verständnis damit Dunst.

So manche Dichter kaum verstehen
lebendige Weisheit unserer Welt,
da sie auf ihrer Form bestehen,
mit der sie schon verdienten Geld,
getragen von dem Missverständnis,
dass es bedürfe kein Bekenntnis.

So manche Dichter glauben fest
ein jeder dürfe alles schreiben,
er wäre frei in seinem Nest
und dürfe mit den Worten treiben,
was aus dem Geiste ihnen quillt,
recht eigen doch und zudem wild.

Doch andre Dichter dichten nah
an Leben, Sinn und Wirklichkeit,
befinden Wahres innig klar,
ersuchen ob der Dinglichkeit
die Deutung nicht, doch Ausdruck mehr
der Freude ob des Lebens schwer.

Grad diese Dichter-Philosophen
stehn nahe an der Wirklichkeit,
nicht geistig hinter einem Ofen,
bereit doch ob der Dringlichkeit
gerührt von Freude zu erhellen,
was andre Dichter uns verstellen.

So aber unterscheidet sich

der Künstler von dem Humanist,
der seinerseits bedenkt auch dich,
der erste aber dich vergisst,
da der dem Worte nur vertraut
und kaum mit Sinn dich auferbaut.

Denk nicht, ich würde schlecht hier reden,
ich dichte aus Erfahrung frei,
such Sinn in unser aller Leben
und Wahrem niemals einerlei
und weiß, dass ich auch manchmal irre,
doch suche, wie ich mich entwirre.

So komm, du Lyrikfreund, ins Herz,
befrage dich, was Leben meint,
mach aus dem Ernst hier keinen Scherz,
entlarve aber, was verneint
die Weisheit und das edle Wissen –
da Tugend sie in Not verrissen.

237
Die Wahrheit und der Krieg

Die Wahrheit wird jeden Krieg gewinnen,
der ihr jäh aufgezwungen wurde;
sie wird auch niemals Krieg beginnen,
da keinen Grund sie hat, in ihrem Frieden.

238
Die Politik und der Krieg

Die Politik wird Krieg beginnen,
wenn sie die Lügen nicht versteht,
da sie damit will Pracht gewinnen,
weil ihr der Kampf im Geist besteht.
Sie zeugt den Hass und das Verbrechen
und wird sich auch am Frieden rächen.
Drum müssen all die Philosophen
entlarven Lügner und die Doofen.

239
VON DEN KIESELN

Wer Kiesel am Strande des Meeres gefunden
und dann diese Kiesel nach Hause mitnimmt,
sie mit all den Schnüren hat sich dann verbunden
und meint, ihm nun all jene Wahrheit beginnt,
bleibt Ratte an Land und scheut noch das Wasser
des größeren Lebens, denn er bleibt ein Hasser.

Wer Kiesel vom Strand nimmt, am Meere der Zeit,
und dann diese Kiesel ins Haus integriert,
sollt wundern sich nicht über übriges Leid,
denn er hätt' die Meere der Zeit nicht kapiert,
verbleibt als ein Sammler von Wissen, Erkenntnis
und täuscht sich darin mit irrigem Bekenntnis.

Wer Kiesel am Strand sucht wird, wasser-berührt,
vom Meere des Tiefsten, von Fülle am Rand,
benässt nur ein wenig und schaut auch verführt,
voll Ehrfurcht zugleich eine Feuchte der Hand;
der Strand bleibt ein Schutz, doch Leben ist nah,
wenn ihm jene Nässe bleibt zu lang nicht wahr.

240
MEER MIT DER GEFAHR

Meer leuchtet Wasser in Herzen hinein,
frei und kaum endlich, doch mit der Gefahr
trunken von Freiheit und dem Sonnenschein,
lange, zu lange verwöhnt von der Creme,
traurig noch innen, da Leiden zu nah
an jenem Geiste, der noch scheint bequem,
Groll aufgeschichtet zum schwätzenden Wort,
bald auch begeht uns wieder den Mord.
Sollten wir lehren uns zu besinnen,
wie wir der Gefahren Erkenntnis gewinnen?

241
Der Mensch und das Verstehen

Ein Mensch vermeinte zu verstehen,
was Sinn sei in des andren Worts
und konnte nicht mit diesem gehen,
da dieser sprach vom Ding des Mords.
Der andre aber nicht dies meinte,
da der nur blöde Worte leimte.

242
Vom Stehen und Gehen

Wer sieht, wo steht und auch er geht,
wer er und sie geworden ist,
wird klar und frei den Welten dienen
und lehren Klugheit weise;
die andren werden Weisheit schmähen
und Klugheit Schierling reichen.

Drum mühe dich dort hin zu kommen,
wo Weisheit wissend wird geteilt
und herzlich integriert, da sonst
Gewalt den Welten droht;
der Edle einsam wird belassen,
von jenem Mob ans Kreuz gebracht,

da die Gewalt des Ungeists Drang,
den schnellen Sieg ersucht
im Kriege, der in ihm noch wurzelt,
grad weil er noch vom Frieden schwätzt,
doch vielmehr zu dem Kampf aufruft,
dem Feind, erfunden, zürnt.

243
Durchstehen

Stehe ein Leid durch, Freund, und du nicht jammere,
da an dem Leid nicht die Liebe sich klammere.

244
„WAS DU LIEST, DAS BIST DU"[3]

Er sagte: „Was du liest, das bist du",
Schmökerfreund und Leseratte,
Freund des Stiles und der Bilder,
großer Werke, die man hatte
frei gelesen, manche milder,
ausgedacht, fast frei erfunden,
stille Weisheit, tiefe Ruh,
von dem Alltag uns entbunden,
Traditionen, Religionen,
Krimirätsel, bald skurril,
ziehst dir an der Worte Schuh

und suchst dir das Lohnen,
jenen Wert beim Leseziel
biographischer Ikonen,
die du ehrst, um sie zu klonen,
wirst die Nacht dir niemals schonen
greifen nach der Weisheit Kronen,
suchend du darin wirst wohnen

oder hausen zwischen Deckel
deines Buches, wie ein Seckel,
und den Flüchten willig fronen,
da dir lesend reich gelingt,
was im Leben nicht erklingt,
souverän die Welt verstehn,
da die Bücher sind dir Nomen
und als Omen auch bestimmt,
wenn du weise wählest sie
durch den Zufall irgendwie
und wirst wichtig sie betonen,
da die Resonanz gewinnt.
Was bedeutet, dass wir sind,
was wir lesen und erklingt:

Flüchtende in Zukunftswelten,

rätselratend Detektiv,
heimlich vorgestellte Helden,
die von Ehren träumen tief,
Abenteurer auf den Reisen,
Opfer, das den Horror lebt,
innerlich und still, im Leisen,
sucht, wie sich die Lösung webt.
Oder aber Denkender,
der vom Leben angerührt,
Philosophen Schenkender,
der den Freund zur Weisheit führt –
um nach Jahren zu verstehen,
ihn hat andres ausersehen.

245
WER EINMAL UNSINN REDET

Einer redete recht Unsinn und verschworen,
wurd erkannt als einer, der noch unklug denkt;
wird, ab nun, von einem Klugen, angezweifelt,
weil Vertrauen ihm nicht wirklich zustehen darf.

246
BLEIBT GUT GEGRÜNDET

Bleibt gut gegründet in der Sicht:
die Menschlichkeit zeugt besseres Licht,
da sie begreift der Menschen Pflicht
den Hass und Neid zu ehren nicht.

247
SCHÖNE UND WAHRE WORTE

Schöne Worte sind mir noch nicht wahr.
Wahre Worte sind oft noch nicht schön.
Viele finden schöne Worte wahr.
Manche schaun das wahre Wort als schön.

248
TRÄUME VON

Träume von den sinnigen Dingen,
jener Liebe Wirklichkeit,
traue dich danach zu klingen,
suche die Aufrichtigkeit,
frage, wie dies ist zu bringen,
traue nicht Vergeblichkeit,
lass der Seele tief erklingen
sie in deiner Endlichkeit,
nimm sie mit all deinen Sinnen,
zeigt sie die Erkenntlichkeit,
da sie uns will froh gewinnen
durch der Chance Verständlichkeit
auf den Höhen jener Zinnen
der Erkenntnis Herzlichkeit. –

Nur wer um sie nicht wird ringen,
führt sich in die Schändlichkeit
jener Klagen und dem Dringen
der Gewalt Unbändigkeit,
da er seine Luft wird wringen
durch die eigene Ängstlichkeit. –

Drum ist von ihr auch zu singen
und von der Tiefsinnigkeit,
jenem Sinn, den jene fingen
in dem Grund der Innigkeit,
dann wird auch das Leid gelingen
und im Weh bleibt Stimmigkeit,
denn sie öffnet stetig innen
Klänge der Befindlichkeit,
die dem Menschen ein Gewinnen
schenken in Verbindlichkeit,
nicht, weil manche daran hingen,
doch da sie Beweglichkeit
fanden in den Herz-Geist Klingen
ihrer Schärfe Würzigkeit.

249
Verbrecherrotze

Mehr als trotzig einer, der behauptet hat –
mit dem schnellem Schuss der Phrase aus der Gosch –
„diese AfD" sei ihm „zu links";
mit unsäglichem Verbrecherkotzen.

Mehr als traurig dieses Messer im Kopf des Polizisten,
mit dem tief verzweifelten Verirrtsein – am Leben sich vergangen;
diese Hölle unsäglicher Verlorenheit.
Innere Tränen lösen auf, was in der Abscheu hassen will.

250
Beton

Es hält der Beton uns zusammen,
das Jammern sprengt die Mauern nicht,
noch habe ich mit uns Erbarmen,
die dunklen Phasen sind noch licht.
Doch weiß ich nicht, wie lange noch
wir wohl beschweren unser Joch.

Es hält die Armut uns zusammen,
der Reichtum unseres Verzeihens,
worin wir uns ja näher kamen
auf unserem Weg uns froh zu weihen.
Doch weiß ich nicht, ob's tiefer geht,
dass Liebe uns im Leid besteht.

Es hält die Freiheit uns zusammen,
das Schauen der Grenzbereiche frisch,
da wir uns mit einander nahmen
dies Häuschen Freiheit auf den Tisch.
So weiß ich nicht ganz absolut
wann uns zerrinnt des Gartens Gut.

251
DEM MENSCH GELANG

Dem Mensch gelang, was er begann,
der schönste Klang seines Gesang,
aus seinem tiefsten Seelendrang
und so ihm wurde weniger bang.

Er sorgte weniger sich um Not,
kam geistig aufrecht in ein Lot,
fand seine Kunst zu backen Brot,
entsorgte ordentlich den Kot.

Fand zu den Spielen und dem Ernst,
von dem, Freund, du noch heute lernst,
wenn du davon dich nicht entfernst
und edle Wahrheit dir besternst.

Es irren Menschen aber immer,
davon so manche stets wohl schlimmer,
weshalb wir hören ein Gewimmer
am Trug der Sicht des Dunstes Dimmer.

Den Menschen wird es weiter gehen,
sie werden die Entwicklung sehen
und neue Sinne froh verstehen,
da dies ist für sie ausersehen.

Wenn du, Freund, dich hierin befleißigst
das Edle an dem Sein bescheinigst,
dies Werden in der Welt vereinigst
und nicht den guten Sinn beleidigst.

Dann wird es immer edler werden,
durch Trotz und Groll du nicht verderben
und große Werke sich vererben,
bis alle einst am Ende sterben.

Dann wird es das gewesen sein,
mit Leiden, Freuden, Einsamsein,

der Kunst und Pflicht, dem Trug und Schein,
der Klarheit und dem reinen Wein.

252
WIE? – I

Wie lehren Menschen jene Lehren
der Menschlichkeit und dem Bewähren
derselben im Alltag und der Pflicht,
wo nur Funktion ist das Gewicht?

Wie nur verstehen wir Verstehen
der Wahrheiten, die sind zu sehen,
der Fakten, die zu schauen sind,
damit Gesellschaft auch gelingt?

Wie üben Menschen sich im Denken,
um uns die Menschlichkeit zu schenken
und zu verehren Mensch und Leben
mit auch den Tieren, die gegeben?

Wie stellen Fragen wir auf Fragen
der Menschlichkeit, um sie zu wagen
und um die Antworten genauer
zu haben und damit auf Dauer?

Wie suchen wir das klare Schauen,
damit uns freut und nährt Vertrauen,
da ohne dies, ungute Welten
zerrütten uns durch böse Helden?

Wie uns gelingt die Menschlichkeit
tief und vertraut mit allen Menschen?
Wie lösen auf wir Ängstlichkeit
in unseren klammen Herz-Geist Wesen?

253
ÜBER DAS WAHRLÜGEN DER FASCHISTEN

Sie lügen sich die Meinung wahr
mit ihrem eitlen Wort des Protz,
sind Lügen nicht nur einmal nah,
da ihnen quillt ihr Hals voll Kotz.
Wie kommen sie mit ihrem Wort
zu jenem Hass und dreisten Mord?

Nicht unterschätze ihre Worte
im Sinne der Entschiedenheit,
die uns verderben wird die Orte
des Wirkens in Zufriedenheit.
Hör hin auf deren Eitelkeit,
die bald dich führt in Jammerleid.

Sie schwindeln sich die Lügen wahr
und täuschen sich an Wirklichkeit,
die sie vergiften kalt und bar
der Freude freier Ehrlichkeit.
Was leitet diese wahren Lügner?
Warum will blenden uns der Hübner?

Denk nach, o Freund und Freundin, du,
die Dreisten lügen sich zum Hass,
da sie nicht hören wirklich zu
und geben Fragen einen Pass.
Warum verachten Sie das Leben?
Und wollen keine Liebe geben?

Was immer sie mit Worten meinen,
erscheint in ihrem Geiste wahr,
sie werden spalten, nicht vereinen,
das Trübe ist den Lügnern klar
und wird das Fragen krass ersticken,
weil sie so gern am Zünder stricken.

O Freund und Freundin, lehre dich

die Weise klug den Sinn zu sehen
und jene Worte deren Stichs
rechtzeitig klarer zu verstehen,
denn ohne dieses zu erkennen,
würdst du dich selber auch verkennen.

254
Das Feuer schüren

Weil einer nicht schaut sich die Schuld an,
die er anderen gibt und meint sei gerecht,
wird er die infame Gewalt nicht erkennen,
die er damit als Feuer schürt.
Die Selbstgerechtigkeit ist schuldiges Feuer.

255
Sie glauben zu wissen

Sie glauben, zu wissen und auch erwidern
mit einem Verständnis, das ihnen nicht zeigt,
dass sie eilfertig reden und schwammig nur denken
und Schuld so gerne zu anderen verteilen,
denn sie bemühen sich niemals und nie
Verstehen, Verständnis, Erkenntnis zu finden,
da aus dem Wissen sie haben recht flapsig
die gläubigen Phrasen des Geistes gemacht.

256
Nimm und nimm nicht

Nimm doch den Menschen den Glauben nicht übel,
solang sie nicht üblere Taten begehen.

Nimm nicht das bekanntere Wissen her,
um es als deinen Besitz zu markieren;
du machtest einen Glauben daraus.

Nimm dir das Fragen, ergründe die Schuld,
die anderen zu geben tendierst du recht rasch.

257
D-DAY, NORMANDIE

Entlarvt euch im Alltag, früh, der Lügen Tyrannen,
damit ihr am Strand nicht strauchelnd gehet von dannen.
Entlarvt jene Siege im Kampf eures Geistes als Trug,
da sonst aus den Hülsen Geschosse euch treffen am Bug.

258
APROPOS MÜLLPLATZ

Ihr habt an der Wirklichkeit wirklich geirrt,
habt jene geschmäht, die aus Erfahrung hier sprach
und ward wohl zu heiß erzürnt im Gefühl;
so konnte Sinn und Vernunft nicht gelingen.

Wie siehst du dies heute? Gelang dir Verständnis?
Nährt Zweifel dich noch trotz der Wirklichkeit?
Ist Stolz es geblieben? Kannst einsehen nicht,
dass schwer es ist Fakten Würde zu schenken? –

Zu glauben an Recht, das niemals war Recht
und bestehen auf Fürchte und Möglichkeit,
die nur dem Geiste vergiftet sich bieten,
belässt dich im Irrtum, der schließlich wird killen.

259
APROPOS DOKTORGRAD

O schau, wie selbst ein Mensch mit Doktorgrad
moralisch eifernd seinen Ungeist zeigt,
wie ihm die Lüge hin zur Wahrheit klart,
weil er verbissen sich in Lügen reiht.
Du traue Status nicht und prüfe Wirklichkeit,
wie Wort und Wahrheit all der Zeit verbleibt.

260
AN JENE, DIE SICH LINKS VERORTEN

Bedenket, dass rechts verbleibet viel Platz,
wenn links ihr vermeintet den besten der Plätze.
Dann füllt sich euch Rechtes über Gebühr
und sämtliches Wort sich rechtens nur schwätze.

261
SIE MÜPFEN AUF

Sie müpfen auf mit eitlen Phrasen,
bedrohen Anstand und beschmutzen
die Redlichkeit und das Bemühen
Vertrauen zu suchen und zu nutzen.
Und drehen noch die Spieße um;
der Ängstliche bleibt dabei stumm.

Doch ängstlich sind sie selber noch,
in ihrem Geist kannst du es sehen,
schon immer zeugten sie das Joch
den Welten, da sie kaum verstehen,
verbissen von Wahrheiten meinen,
ein jeder hätte doch die seinen.

Sie stellen dann auch keine Fragen
und hören nicht zu, wenn einer sie
wird sich ersuchen zu erwagen
für das Vertrauen, nicht irgendwie,
doch wohl gegründet und bewährend,
gemeinsam neue Fragen klärend.

So auch zerrütten sie die Welten,
erklären nicht und setzen nur
dogmatisch hin sich als die Helden,
sind immer schon mit Krieg auf Spur.
Warum nur leiden sie an sich
und drängen dorthin mich und dich?

262
SO MANCHES MÜSSEN WIR TUN

So manches im Leben, das müssen wir tun,
die Pflichten erfüllen, wenn sie uns ernähren,
wenn menschlich und friedlich sie sich bewähren;
das Suchen der Wahrheit liebt dieses Nun.

Die Pflicht kann leider hierbei auch irren,
wenn mancher Gehorsam vermeint uns dabei,
dass Übles zu tun sei bei seinem Schrei
und uns mit der Drohung wird damit verwirren.

Dann müssen wir's nicht, doch sollten wir schauen,
was Basis hier bildend trägt hin zu dem Kampf
das Bessere zu wählen, doch Krieg nicht, im Krampf
die Pflicht zu erfüllen – doch nicht zu vertrauen.

Wir sollten vertrauen in jeglicher Pflicht,
das Menschliche schauen und spüren, was gut,
nicht andre verletzen, ob Seele und Blut –
dann Wahrheit und Lüge verwirren uns nicht.

263
ES GESCHIEHT RECHT LEICHT

Es geschieht recht leicht zuweilen,
dass wir uns im Frust beeilen
Ärger aus uns raus zu lassen
und den Augenblick so hassen,
Schuld auf andre Welt abladen,
so auch klarem Sinn entraten,
dass der Tag ist doch recht gut –
manche frusten sich zum Blut.

264
Es geschieht im Kreise

Geschieht im Kreise der Freunde, doch auch der Bekannten, gewiss:
dass Wissen ist Glaube nur, unklar, Fragen wird rasch
weggewischt
vom Tische, der leer ist, obwohl er gefüllt mit Meinung und Irren.

Was läge es näher, als Fragen zu schauen, gemeinsam
und frei?
Geduldig zu hören, worin sich die Wahrheit uns zeigen könnt?
So aber hören die Freunde den Freund nicht, weshalb
sie nicht bleiben.

265
Apropos demokratische Wahl

O wähle weise, nie mit Wut,
denn sonst wird deine Welt nie gut.

O wähle weise, stets erkannt,
wo findet uns das bessere Land.

O wähle weise, weil du siehst,
wie du ansonsten vor dir fliehst.

O wähle weise, klar entschieden,
da du erspürst das bessere Lieben.

O wähle weise, informiert
und alle Zeit recht gut kapiert.

266
Apropos Schiller

Wer wollte vermeinen, die Demokratie sei die Chance für Dumme?
Recht klüger zu werden ob Vielfalt und Sinn sich gütig zu finden?

267
WÄHLEN GEHEN

Demokratisch Wählen gehen,
heißt, den besseren Sinn zu sehen.

Solltest dies nicht falsch verstehen,
dass es für uns ausersehen.

Sollte es wie besser gehen?
Dass gemeinsam wir bestehen?

*

Des Diktators Missverstehen
hat sein Grauen nicht gesehen.

268
NUR NASS

Sie bald zogen am Wort seines Friedens,
drangen in Lücken und sprengten den Sinn,
fragten nicht nach der Wahrheit des Liebens,
zeugten das Blut, den nur üblen Gewinn.

Wollten gewinnen den Kampf um die Pfründe,
für nur für sich und die eigene Bagage,
suchten nicht nach dem Recht, das begründe:
gleich ist verschieden ein jede Visage.

Wählten nur dies und wählten bald das,
werteten eitel gewaltvoll Unheil,
sprachen so laut und ohn' Unterlass,
schwiegen zu selten, kannten das Beil.

Furcht ihnen innig tief in dem Geist,
schuldig stets andere für dieses und das,
wussten noch nicht, was Weisheit beweist,
Wasser sind tief, doch letztlich nur nass.

269
Flüchte nicht

Flüchte nicht, doch suche dich,
eile nicht, doch schaue mehr,
finde dich und fluche nicht,
frage dich und machs nicht schwer.

Traue dich, doch kopflos nicht,
dich zu sehen als nicht getrennt
von dem Hellen jener Sicht,
die mit Herz sich selber kennt.

Weine auch, doch jammre nicht,
klage nicht mit Schuld den an,
der dir bietet jenes Licht
des Zuhauses für dich dann.

Wo nur ist dein Himmelreich?
Wann wirst du in Frieden sein?
Wen wählst du zu lieben gleich?
Willst durchschauen du den Schein?

Schau die Welten, wie sie sind,
jener Menschen Glück und Leid,
beides ist für uns bestimmt
ob der Winde jeder Zeit.

270
O bleibe doch

O bleibe doch, du guter Mensch der Freud
und leide nicht zu viel am Leben hier.
So traue dich stets jeden Tag des Heut
zu ehren Sinn und Menschlichkeit des Wir.

Ich weiß, du fühlst es schwer seit Jahren schon,
doch liegt es an der Zeit des hier Gewordenseins,
du bist die Zeit, die dich durchdrungen hat,
so freue dich doch tief des hier Geborenseins.

271
ICH WILL WOHL

Ich will wohl, dass du glücklich bist
und wirst gewiss, wie nie im Leben
und will dich halten aus dem Mist
des trüben und auch harten Streben.

Ich will wohl dich im Leben ehren,
dir all dein Lachen freudig gönnen
und will dein Leben nicht beschweren,
wenn wir es nicht gemeinsam können.

Ich will wohl nicht mich klammern an
das Haus, und dich nicht lassen frei,
ich will dich lieben immer dann,
wenn ich auch dir nicht einerlei.

Ich will wohl froh in Frieden sein
mit dir, als Liebe, die du bist,
denn wir sind alle meist allein,
wenn du's im Leben noch vergisst.

Ich will wohl frisch die Freiheit dir
für deinen Weg ins Nebelglück,
ich lasse dich so ziehen, und wir
entlasten uns vom Leid ein Stück.

Ich will wohl dennoch mit dir sein,
du warmer Wind, der mich zersaust,
im Alltag schauen Klarheit, Schein,
du weißt, du mich auch auferbaust.

Ich will wohl, weil ich es schon hab,
dich meinem Herzen eingeboren,
drum ich die nächste Phase wag
und dich nicht gebe je verloren.

Ich will wohl nicht je kämpfen müssen,
und gegen dich niemals gewiss,

ich will dich seelisch innig küssen,
da Liebe mir dein Herz bewies.

Ich will wohl, was du willst für dich,
auch wenn das heißt, dass du wirst gehen
dort hin, wo dir es findet sich
dein Schicksal, das dir ausersehen.

Ich will wohl bleiben nah an dir
und deinem Herz der freien Winde,
ich weiß noch nicht, wie geht es mir
damit und was ich Neues finde.

Ich will wohl dich nicht aus den Augen
und gar nicht aus dem Herzen sehen,
wenn dir dies kann genauso taugen,
dann wirst du frei sein und verstehen.

Ich will wohl schließlich halten nicht
dich ab von deinem Traum zum Glück,
geh hin wohin dich führt das Licht,
was immer führt zu ihm ein Stück.

Ich will wohl dir die besten Träume,
ob ohne mich oder mit mir,
entscheide klar, doch ohne Schäume
der Täuschung ob des Sinnes hier.

272
BEWEGTES HERZ

Wir sind so frei und lieben uns,
ich meine, dass es so sich fühlt
mir an, auch wenn doch auch ist Dunst
der Klarheit, die ein wenig kühlt
und nicht, zunächst, schon Hitze ist,
weil du noch hier und nicht vermisst,
es sei denn für das noch viel Tiefere,
das weder das Gerade, Schiefere
darstellt jedem bewegten Herz.

273
Es sucht der Mensch sich anderswo

Es sucht der Mensch sich anderswo,
im Freund, in Gott, der großen Stadt,
und will mit andern wandern so
ins Haus, wo er wird endlich satt
des Hungers nach dem ewigen Glück,
das manchen scheint der Tod zu sein,
doch finde ich, es ist das Stück
des Lebens hier zu Haus, allein,
zu zwein, zu drein, wo immer es
für uns gibt nicht den Dauerstress.

Es sucht der Mensch den tiefen Sinn
im Herz-Geist auch entwickelnd sich
und freut sich auf den Neubeginn,
wenn er verlässt das Haus und dich
und dir geboten ist zu schauen,
wie neu dein Trost wird Leiden stillen,
wenn du doch weiter sollst vertrauen,
auch wenn es schwer fällt deinem Willen;
dann ringe tiefer mit dem Frieden
und suche frischer dir das Lieben.

Es sucht der Mensch die Ewigkeit,
wo keine Welt der Leiden sich
alltäglich spürt fast jede Zeit
und niemand wird je ärgern dich,
getrost im Paradiese sein,
wo diese Welt nicht vorstellbar
und daher dort herrscht jener Schein,
der einer Flucht entspricht so wahr,
wo doch die Welt auch Schönheit zeigt,
wenn sich der Mensch zum Andren neigt.

Es sucht der Mensch sich zu entfliehen
ins vorgestellte Himmelreich,
verflucht auf diesem Weg das Ziehen

im Alltag, wo die Arbeit reich
gesät wird, weil wir leben wollen,
da doch dies Leben ist auch gut,
wir sehen, was wir machen sollen,
da von allein es nicht hier tut,
weshalb allmählich wir verbessern
und suchen tieferen Sinn zu wässern.

274
SIE GEHT

Sie geht verloren, manche Liebe,
wenn nicht gesucht sie wird erneut,
wenn viel zu wenig davon bliebe
und Forschen einer hierbei scheut.

Sie geht wohin, wo keiner schaut
und keiner spürt: sie ist noch da,
weil wenig einer noch vertraut
und zu sehr leidet an was war.

Sie geht zurück, woher sie kam,
in jenes Nichts der Sehnsucht Zeit,
wo auch das Leid ist schmerzlich warm
und jene Hoffnung offen, weit.

Sie geht für immer, manches Mal,
wenn einem brach die Freude kalt,
hier hilft kein Wort und keine Wahl,
die Suche neu beginnt so bald.

Sie geht und war gewesen gut
zu spüren und sehen, im Angesicht,
doch keiner weiß, wie sie es tut,
dass sie doch bleibt ein schönes Licht.

Sie geht und soll auch wieder kommen
für eine Freude auf der Erd;
so bleib, bei allem Weh, besonnen,
denn dieses Licht ist nie verkehrt.

275
Zyniker und andere AfD-Gesinnung

Zyniker zerrütten Sachlichkeit den notwendigen
Frieden zu erhalten, indem sie keine Fragen hören.
Widerwärtig werden sie verdorben sein im Geist,
trotzig vergewaltigen des Anstands guten Rat.

*

Zyniker zerstören Frieden durch verbalen Hass,
Glauben krass durchdrungen von Fahrlässigkeiten.
Klein noch, doch zur Größe neigend, eingebildet,
tragisch schon verloren im Geist des Selbstbetrugs.

*

Zyniker mit jenem glatten Wirklichkeitsverlust,
paranoid noch da von Furcht geleitet und getrieben
durch den Wind des eigenen Geistes Täuschungspotenzial,
uneinsichtig gegenüber klugem Sinn bepisst.

*

Zyniker vermeinen, dass die Lösung dort zu finden,
wo noch manche laut und ärgerlich das Scheitern formulieren,
bar der Kunst zu wissen, worin sie eigentlich zu finden;
Lösungswillen führt sie nicht zum stichhaltigen Plan.

*

Zyniker sind überzeugt von dunklem Denken hell,
malen schwarz und meinen weiß und nennen Lügen wahr,
pissen an die Bäume guter Welten Politik,
trauen, frech als Kleine, immer größeres Maul zu wagen.

276
VERGEBLICHE FREUDE

Die Feinde jubeln der Prozente,
die sie im Rennen halten.
Doch es vermissen sie Akzente,
ob ihres Drangs Verhalten.
Die Dreisten werden nie gewinnen,
das Ende vielmehr ihnen singen.

277
WIR SUCHEN NICHT DIE ORDNUNG ZU ERHALTEN

Wir suchen nicht die Ordnung zu erhalten,
doch mehr und stetig neue zu gewinnen.
Denn wenn wir nur verbleiben bei der alten,
entgeht Bewegung uns des Kósmos Sinnen.

Doch wenn nur irgendeine Ordnung finden wir,
bleibt wirr zuweilen die Gerechtigkeit,
da wir entstammen aus dem Fleisch des Tier
und werden Geist – hinfort der blutigen Schlechtigkeit.

Wir finden froh die frische Ordnung stets,
wenn uns Natur wird gut und nicht bleibt Feind,
wir wissen dann, wie nur der Sinn versteht's,
dass uns die Ordnung ist, indem, was eint.

278
BINSENWEISHEIT

Recht schnell kann ein Vertrauen in die Binsen gehen,
doch dann bestand es noch nicht klar in Wirklichkeit.
Wenn also einer oder eine, von denen du schon meintest,
dass ein gewiss verlässliches Vertraun bestehen würd',
und dann ein Umstand plötzlich zeigt, was dreist dir ist,
dann ward getäuscht dein Sinn für eine hoffnungsvolle Zeit,
doch du, enttäuscht, nun klarer siehst, was noch verborgen war:
die Fratze einer Eitelkeit, die du, sei froh, rechtzeitig sahst.

279
Wir Demokraten

Wir gehen und stehen zusammen,
bewegen die Sache mit Herz,
wir wissen, wie gut wir gelangen
zum Sinn mit dem wenigsten Schmerz.

Die andren hetzen vereint in den Tod,
wie immer Faschisten das tun,
sie werden zerstören die Wege zum Brot
und dann auch nicht friedlicher ruhn.

Doch wir betrachten den menschlichen Sinn,
sind Fragen gewogen und lehren einander,
denn wir sind das Volk von jedem Beginn
der Welten vertraut miteinander.

280
Die Leute von der AfD

Sie sind mir zu verworren und verdorben,
die Leute von der AfD,
sie sind dem guten Sinn gestorben,
soweit ich deren Krallen seh.

Sie sind mir viel zu laut und eingebildet,
die Leute von der AfD,
denn allenfalls sind sie verbildet,
ein Zerrbild, das der Welt tut weh.

Sie sind mir nicht den Handschlag wert,
solch Leute von der AfD,
sie sind in meiner Welt verkehrt,
mit ihnen trink ich keinen Tee.

Sie sind mir frech und arrogant,
solch Leute lügen übern Klee,
und auch das habe ich erkannt:
Faschisten sind die AfD.

281
Die grosse Liebe

Es sucht der Mensch die große Liebe,
doch die gefunden schwer verbleibt,
da Leiden und ein Schmerz verbliebe
in beider Fleisch, wo Geist sich reibt.

Es sucht der Mensch sich selber tief
im Leben und der Welten Raum,
doch was uns alle dazu rief,
braucht Sinn im Leid, sonst ist es kaum.

Es sucht der Mensch den andren wieder,
den Fremden durch Vertrauen sehr,
doch mehr bewegt die Sehnsuchtslieder,
wo sich das Leichte meint kaum schwer.

Es sucht der Mensch sich zu entlasten
von Leid und Schwere aus der Zeit,
doch braucht es auch Beziehungsfasten,
das warm vernimmt die Einsamkeit.

Es sucht der Mensch genau hierzwischen,
von Einsamkeit-Gemeinsamkeit,
den Tisch des Lebens stets zu wischen,
was Arbeit macht und Freud und Leid.

282
Von jenen die Täuschung hofieren

O suche, Freund, dich stark zu wählen, im Hause kan-
     tiger Kakteen,
doch flüchte nicht vor der Gewalt des spitzen Stiches,
     den sie tun,
um fort zu treiben dich und deine Lieben, da ihnen
     du egal erscheinst
und sie sich rotzen frech die Lüge und die Täuschung
     zu hofieren.

283
DIE PAARBEZIEHUNG

Der Mensch lebt gern in Paarbeziehung
und sucht die Liebe zu beleben.
Doch manchmal braucht er die Entziehung
vom andern, um sich selbst zu geben
die Ruhe wieder und den Frieden,
denn er muss auch sich selber lieben.

Doch heute sind die Zimmer knapp,
die freien Räume werden eng,
die Wohnung und das Haus verdarb
zu einem Stressfaktor, der streng
die Fäden strapaziert und bald nervös
macht im Privaten ein Getös.

Was wär die Lösung, Freund und Herz?
Wo findet Frieden wieder Raum?
Gewiss ein Halten auch des Schmerz
bedarf es für Liebkosung, Flaum,
da uns auch lehrt das ewige Leid
durch allen Raum und alle Zeit.

284
FREI ODER BESESSEN

Auch jene Welt der großen Politik
sucht sich ein Bündnis nach vollzogener Wahl,
ersucht verhandelnd die komplexen Themen
hinein zu führen in die Wirklichkeit.

Beziehung heißt, damit es klarer wird,
gemeinsam Atemzüge niemals zu vergessen,
wenn anders wird die Zeit und etwas stirbt
und wir erkennen, wer ist frei oder besessen.

285
WENN SIE SICH LASSEN SCHEIDEN

Sie flüchten, und verzeihen nicht,
wenn sie sich lassen scheiden,
wurd ihnen doch der Raum zu dicht
und können nicht mehr leiden,
den andren nicht und dessen Sicht,
so wandeln sich die Zeiten.

Sie suchen und vertrauen nicht,
wenn sie sich lassen scheiden,
wurd dunkel Liebe und nicht licht
und wollen sich nicht weiten,
da sie nun allzu vieles sticht,
sie nicht mehr tragen Leiden.

Sie lieben und bewahren nicht,
wenn sie sich lassen scheiden,
da ihnen all das Zarte bricht
und sie noch nicht befreiten
den harten Ton des eigenen Wicht –
so bleiben dann die Zeiten.

286
DAS MENSCHLICH GÜTIGE KANN

Auch in der Welt der großen Politik,
da gibt es Trennung und das eitle Scheiden
durch Übereifer und der Lügen Trick
der Leute, die sich selbst nicht leiden,
da ihnen fehlt ein menschliches Geschick
das Weh der Zeit nicht übel zu verbreiten.

Grad vor der Welt der großen Politik,
glaubt mancher glatt, er könnt es ebenso,
doch Selbstbetrug hat ihn schon am Genick,
er spürt nicht, dass er noch nicht richtig froh.
Und so er meint und sie, er wär es dorten dann,
doch fehlt ihm klar das menschlich gütige Kann.

287
DIE ALTEN SUCHER

Wir Menschen sind die alten Sucher
nach Früchten, Fleisch und Wahrheit auch
gewesen und auch heut Besucher
der Fremde und der Welten Brauch.

Wir sind bestrebt im Gruppensinn
das Schöne, Wahre, Gute froh
zu schauen mit Vernunftgewinn
und schreiben Würde setzend so.

Wir suchen stets uns selbst hier nun,
getrauen uns Vertrauen im Wort
zu spüren, da dies gut wird tun
und hält uns auf der Erde Ort.

288
SUCHE FRISCH

O Mensch, wach auf und suche frisch
den Sinn in jeder Wirklichkeit,
denn sonst uns wird der eine Tisch
der Erde nur zur Dinglichkeit
und wir bald strecken uns dahin
bereit nicht menschlich für Beginn
des stets erneut und immer weiter
auch mit dem Lächeln stetig heiter.

289
UNVERSCHÄMT

Unverschämt vermeint der eine in Erwiderung auf ruhiges Wort,
so ging es gar nicht und empört sich dreist und aufgeregt;
da doch der andre hatte klar die Fakten ihm beschrieben,
die so der andre nicht wollt hören, da offenbar der irrt.
So werden heute die Verbrecher in der freien Wahl gewählt.

290
AUFGESETZT

Aufgesetzt war diese Freundlichkeit,
rührt im Magen schon die abgetarnte Lüge,
lachend sucht der eine Ernst zu überspielen,
zeigt respektlos, dass ihm Menschliches egal.

291
SIE SCHWÄTZEN EITEL

Sie schwätzen eitel um den Kragen sich,
getrauen Lügen Wahrheit dreist zu nennen,
und setzen mit den Worten gern den Stich,
da sie so stets die Sachlichkeit verkennen.

Sie setzen an zum Sprung die Schuldigen
zu killen und vertreiben Ethik und Vernunft,
verbittern Frohsinn durch das schmutzige Wort
und meinen von sich reinen Wein zu schenken.

In Wirklichkeit ist Schierling ihre Tat,
vom Gift für Ratten jedes Wort betroffen,
sie wissen nicht, wann eine Meinung klart
und wann ihr mangelt Menschlichkeit besoffen.

292
DIE IHRERSEITS VERSTEHT

Zugänglich nicht ist der Voreingenommene
für Fakten und kluge Erläuterungen meist,
es handelt sich um den damit auch schon begonnenen
verdorbenen Gesellen, irrend sich noch dreist
an Wahrheit und der Güte und auch der Geduld –,
die *ihrerseits* versteht, dass letztlich keiner schuld.

293
Verlogen die Fakten nicht schauen

Verlogen das Denken, das Fakten nicht schaut,
verlachend das klärende Wort der Vernunft,
verstellend die Sicht, mit Mauern misstraut
dem Klugen, durch Lüge der täuschenden Zunft.

294
Verworren anheizen

Verworren anheizen des Kriegs Emotionen,
man spürt dann die Hetzer mit eilfertigem Wort,
du siehst es, wenn sie ein Unwissen betonen
und schuldig dich sprechen bis hin zu dem Mord.
Eiskalt jene Dreisten auch Sinn sich belohnen,
der hin bis zur Hölle mit Wahrheit geht fort.

295
Täusch dich an mir nicht

Täusch dich an mir nicht mit kritischem Worte,
menschlich bin ich Jahrzehnte lang schon,
ich nicht gehöre zu jener Mensch Sorte,
die ihre Pfründe nur wollen und Lohn,
weil sie allzu gern auch ihre Kohorte
anheizen und spucken dreist, voll und mit Hohn.

296
Das Feld gewinnen

Gelingen wird klingen, wenn Klarheit bleibt klar.
Beginnen wird bringen den Anfang, der wahr.

Besingen wird stimmen, zuvor und danach.
Beackern auch Felder, die noch lagen brach.

Gewiss braucht es Kraft zum Singen beginnen,
doch auch ein Talent das Feld zu gewinnen.

297
IST ES UNS NICHT

Ist es uns nicht ein wenig ignorant,
wenn Leute keine tiefen Fragen stellen,
erwarten, dass man ihre Antwort fand,
damit man nicht was Neues wird erhellen?

Ist es uns nicht, mein Freund, gedankenlos,
wenn Philosophen gar nicht lesen sollen,
die leichte Kost bevorzugt wird und bloß
naive Mahlzeit, weil's die Leute wollen?

Ist es uns nicht Respekt erheischend klar,
was wahr soll sein und auch gewiss schon ist,
da doch vertrauensvoll wir wirklich nah
der Liebe, die Ich bin, wie Du schon bist?

298
FINDEN MENSCHEN ZUSAMMEN

Finden Menschen zusammen und sprechen und hören sich zu,
tragend des anderen möglichen Zweifel in Unschuldsvertrauen,
denken recht freundlich an Gutes, an Schönes und Wahres dabei,
nährt sich der Mut die schwereren Tage des Lebens zu meistern,
ohne zu Jammern und Klagen, doch froh im tiefen Seelengrund.

299
FREUDE LANGE NOCH

Immer noch gibt es was Weiteres zu sagen,
Enden ist Anfang, alleine dann wieder zum Schluss,
zusammen beginnen und enden die Zeiten zu wagen,
Fragen in Schwebe zu halten und Irrtum vertagen,
zu Anfang und auch uns am Ende mit freundlichem Kuss. –
Als wir auseinander gingen, nährte uns Freude noch lang.

300
Vom Elefanten der Wahrheit

Wahrheit ist ein Elefant,
sprach ein König kurzer Hand,
gab den Blinden in die Hand
Schwanz und Rüssel in dem Land,
wo das Ohr auch würdig fand,
was den Mensch zusammenband.

Sagte einer dieser Blinden,
Wahrheit würd den Puschel finden,
wedelnd, haarig und verbinden
mit der Wahrheit ein Befinden,
dass sie so sei, Schwanz genannt,
in der Welt und jedem Land.

Sagte einer dieser Blinden,
Wahrheit sei ein dicker Schlauch,
den ein jeder würde finden
überall der Welten Brauch,
hatte nur den Rüssel nah
und befand dies sei nun wahr.

Sagte einer dieser Blinden,
Wahrheit sei ein großer Lappen,
den ein jeder würde finden,
und sie sei auch nicht aus Pappen,
hatte nur das Ohr erwischt
und als Ganzes aufgetischt.

All die Streits der Perspektiven
um die Wahrheit, dieses Tier,
viele Denker dazu riefen,
dass die Wahrheit lebt im Wir,
jeder hat ein wenig recht
und gefunden, was ist echt.

Heute aber sehen diese,

dass nicht jeder Blinde nah
an dem Elefant der Wahrheit,
weil der Blinde auch nicht sah,
was erfindet ihm sein Tasten
und sein Ungeist niemals klar.

Heute wird von manchen Blinden
fabelhaft die Welt erdichtet,
ohne Sinn, um was zu finden,
weil er nur ein Luftschloss sichtet,
jene eitle Kampf-Chimäre,
die auch nicht das Tier erkläre.

Heute wähnen manche sich
in der Meinung, dass ihr Schloss
recht schon habe mit dem Stich
ihrer Lüge, die hier schoss
aus dem fahrigen Geist des Königs,
der heut will nur Macht als Boss.

Spricht ein König heute aber
von manch Wahrheit differenziert,
scheint er schon ein Zwiebelschaber,
der die Schichten inspiziert,
da die Wahrheit heut in Stufen
lässt sich aus dem Kosmos rufen.

Spricht die weise Klugheit heute:
Schau der Wahrheit Welten dir
mit dem Nächsten auch mit Freude,
da so Frieden bleibt dem Wir,
neue stets entwickelt sich
und berührt gewiss auch dich.

301
Die nächsten Fragen

Wahrheit sucht Sinn im Fragen nach Tiefe und Perspektiven;
Klugheit wird's schauen und finden die nächsten Fragen sodann.

302
VON DEN TRÄNEN DER AUFRECHT-GERADEN

Gerührt die Tränen durch die Zeit
erwandern sich die Herzen frisch,
vernehmen Menschen auch ihr Leid
erspürend sich im Sinn-Gemisch
befreiten Schmerzes der Erkenntnis
des wahren Werts Aufrichtigkeit
mit jenem liebenden Bekenntnis
zu ihrer Suche Richtigkeit.

Sie aufrecht war gerührt, gerade,
als nun das Salz der Tränen lief,
empfindsam für die tiefe Frage,
wie uns die Liebe herzlich rief,
das Leid zur Freiheit, und den Tod
erkannt in sich als Wahrheit, die
sie selber war, genährt vom Brot
und auch von der Demokratie.

Denn jene junge Frau Sophie,
mit ihrem Bruder und Aufrechten,
hat sie gerührt tief drinnen hie,
ob jener Freiheitsworte, echten,
im Kampfe für die Menschlichkeit
im Drange unserer Endlichkeit,
da doch aufrecht und auch gerade
ein jeder Tod auf jeden warte.

Somit jäh sanft lief die Berührung
durch Herz-Geist zu der Seele Grund,
da sie ersah auch die Verführung
der Schwachen durch ihr Leiden und
geschlagen zunächst durch die Worte
und später durch Verbrecherschuld
der Irrenden, die Unrecht, Morde
begehen eitel, schänden Huld.

303
Wer sucht nicht?

Wer sucht nicht und wer glaubt zu wissen?
Wer drängt mit lautem Wort uns weg?
Wer flucht schon und meint, dass beschissen
die Wahrheit wäre und sei Dreck? –
Gerade solche töten wollen,
weil ihnen wir gehorchen sollen.

304
Sie wissen es nicht

Die meisten Menschen wissen nicht,
dass Frieden ist der Zukunft Licht
und auch der Gegenwart gehört
der Frieden, der sich nicht verschwört,
wie alle Kriege jeder Zeit,
mit ihrem Krampf und allem Leid.

Die meisten Menschen glauben nicht,
dass Frieden ist ein starkes Licht,
sie sehn Gewalt und fürchten sich
vor jener Dreisten Tötungsstich
und halten so Gewalt für richtig
und deren Lügen für gewichtig.

Die meisten Menschen sehen nicht,
dass Frieden auch die Kriege bricht,
wenn klug der Friede Krieg beendet
und weise sich zur Wahrheit wendet;
sie wissen und sie glauben nicht
und sehen Frieden nicht in Sicht.

305
Sie traten hinaus

Sie traten hinaus und suchten Gedanken zu tauschen,
doch wechselte nur Unverständnis oft die unbefragten Worte.

306
WIE VIEL EITELKEIT

Wie viel Eitelkeit versaut die menschliche Gesinnung?
Wie hoch stehn die Nasen schon, dass manche nicht erkennen,
wie auch ihre Aggression misstraut dem guten Sinn, Respekt?
Und wie lautet deren Wort auf all die klugen Fragen?

307
LERNT ZU HÖREN

Lernt zu hören, was die Worte meinen,
sperrt das Herz auf, das verschlossen spricht,
sucht recht eitel nicht noch zu erscheinen
als ein Fatzke, der die Wahrheit bricht.

308
AM TAGE DER WIRREN

Und sie verstand nicht die Worte des anderen und wertete ab,
statt eine kluge Frage zu stellen, die Chance gewesen wäre
Diskurs zu beginnen – Vertrauen zu suchen am Tage der Wirren.

309
NICHT WIE DIE PELZIGE MEINUNG JENER

Schaut an die Leute, die misstrauen dem Wort zum wahren Fakt,
weigernd sich, in ihrem Meinen, die eigene Meinung anzuschauen,
kennen nicht die klare Sicht, die furchtlos sieht sie nackt,
wie die Fakten eben sind – nicht wie die pelzige Meinung jener.

310
GLEICHES IST VERSCHIEDEN[4]

Es gibt wohl nicht die eine Lösung für die ganze Welt,
manches gilt für alle, ja, doch vieles schichtet sich
in Ebenen und Farbniveaus – Gleiches ist verschieden.

311
UNEINSICHTIGE LEUTE

Uneinsichtige Leute werten
andere ab und trennen sich
von all jenen, die erklärten
und verzichten auf den Stich,
da doch jene Uneinsichtigen
gerne stechen all die Richtigen,
die uns Fragen klug und weise
stellen und dazu noch leise.

Ungehaltene Leute meinen,
durch ihr eitel fahriges Denken,
ihnen so die Welten scheinen,
meinen Recht gerecht zu schwenken,
wenn Moral und Fahne leuchten,
Wege fordern, ihnen deuchten
und den Sinn zu kennen meinen,
der verkennend sie soll einen.

Ungeduldige Leute glauben,
Fragen sei wohl überflüssig,
sie sich Ignoranz erlauben,
da sie Denken überdrüssig,
wohl vermeinen den Besitz,
Wahrheit, die auch faktisch sei,
werten ab und reden spitz,
spalten Welt und Henne, Ei.

Unverfrorene Leute dichten
Fakten auch die Lüge zu,
werden nicht die Wahrheit lichten,
geben Dreck dem Glanze zu,
deuten um und einverleiben
Wichtiges durch die dreiste Phrase,
werden bei Verwirrung bleiben
an der eigenen, schmutzigen Nase.

312
Vom Sinn an den Spielen

Welch Sinn sich findet an den Spielen,
da Wettkampf lang schon Massen freut?
Wer freut sich noch an jenen Zielen,
da Sieg im Kampf nicht Töten scheut?

Du meinst, das sei wohl übertrieben,
dem Fußball dies hier anzudichten.
Doch sage ich, der Mensch wird kriegen
keinen Frieden durch Vernichten.

Global ist Kampf nicht sinnig nun,
denn jeder Kampf ist destruktiv;
im Frieden konstruktiv zu ruhen
wird tätig Fragen wägen tief.

Wo soll die Welt in hundert Jahren,
in tausend Jahren und viel mehr
dann sein, wenn nicht die Massen wahren
den Sinn des Friedens, bitte sehr?

Du meinst, es sei doch nur ein Spiel,
am Ende in den Armen sich
die Spieler liegen, Fans am Ziel,
wenn beste Kämpfer ehren dich.

Denn du meinst nur erhoben dich,
wenn die Struktur des eigenen Sinns
wird freuen sich am schönsten Stich
der Meister des Pokalgewinns.

Was soll der Kampf? Was soll die Ehre
aufgrund des Sieges über ihn?
Mit Freunden anders du verkehre,
da hilft die Freundschaft nicht im Team.

Ein Kampf wird stechen und besiegen,
nicht lieben und verstehen, Freund;

die Mächtigen im Kampf nicht lieben,
weil in dem Geist die Furcht noch schäumt.

Du meinst, das sei zu schwarz gedacht,
zu destruktiv fürs kleine Spiel,
das harmlos doch nicht Blut gebracht
und auch nicht hat den Tod als Ziel.

Ich sage, dass es Zeit dir stiehlt,
die Chancen Frieden zu erkennen,
es ist ein Fressen nur fürs Volk,
das damit auch wird Macht verkennen.

Die sagt, das Volk hält dann die Fresse,
sodass es schwätzen kann und meint
gehoben sich durch schöne Pässe
im Fußball, wenn sie Sieger scheint.

In Wahrheit ist's ne große Flucht
vorm Denken und dem Fragenstellen,
Amüsement, die große Wucht,
die keinen Krieg soll sich erhellen.

Schön brav den Krieg sich akzeptieren,
hör zu was jene Leute meinen,
sie werden in dich infiltrieren,
dass Krieg wird ganz normal erscheinen.

Kannst du verstehen, was dies bedeutet?
Kannst du erkennen den Sinn der Zeit?
Der Wettkampfsport die Zeit vergeudet,
die Lebenszeit durch ihren Neid.

Und Neid führt dann zum Kampfe dich,
weil Mitleid du dabei nicht spürst,
der Neid führt gierig hin zum Stich
des Krieges, den du damit führst.

Schau hin, gerade, wie es ist:
die Welt soll wo in Zukunft sein?

Wenn aber Frieden sie vermisst,
bleibt Krieg der große Trug und Schein.

Ich sage nicht, verbietet es,
ich sage dir: Schau hin genau!
Und spüre dieses Krieges Stress,
denn „Spielen" schlachtet nicht die Sau.

313
STRAMM UND HÖRIG

Sie halten euch in Feindschaft stramm
dem Kampfe treu, dem Kriegsgeflüster,
sie machen um den Krieg Tamm Tamm
und predigen mit heiligem Küster.

Die Hörigkeit zum Wettbewerb
sie fordern von den Strebenden,
belebendes Geschäft, süperb,
die Möhre der Benebelten.

Sie denken streng an Kampfmoral
beim Fußballspiel für die Millionen,
da ihnen noch nur Krampf die Wahl,
es soll sich niemals niemand schonen.

Die Freude dann beim höchsten Sieg,
die Ehre auf dem Goldpodest,
dort zeigt sich dann der eitle Dieb,
der bei der Liebe übt Protest.

So stramm und hörig denken sie,
wenn ihr sie niemals euch durchschaut,
denn sie verlangen irgendwie,
das nicht dem Menschen ihr vertraut.

Denk daher du, Freund, niemals, nie
so wie die Krieger auf der Welt,
die Unrecht zementieren, wie
die Ungleichheit beim lieben Geld.

314
Juni

Juni warm mit wohligem Regen sanft ein wenig kühlt
inmitten schon von jener Hitze mit dem blauen Himmeltrost,
da die kurzen Ärmel und die nackten Hosen fühlt
frei der Mensch, das Kind, die junge schlanke Frau liebkost
Luft und Liebe auf der Grenze in das All der Ewigkeit,
da uns kluges Licht zeugt klar ein attraktives Wohlgefallen.
Wem die Zeit gefällt, der nickt zur Dankbarkeit, die rührt.

315
Wie gerecht kann es gelingen?

Sag, Freund und Freundin, mir, wie kann gerecht die
      Welt gelingen?
Ich frage stets und suche stimmig nach dem so ge-
      nannten Sinn,
der doch, das sei betont, uns allen sollt den ruhigen
      Herz-Geist bringen.

316
Wie können wir Vertrauen beweisen?

O Freund und Freundin des Vertrauens,
wie können wir Vertrauen beweisen?
Ist es, dass in der Lebensprobe,
wo Leiden ist und Widerstand,
dass in uns etwas innig tobe,
verhindernd Frieden in dem Land?

Ist es, dass wir die Leidenschaft,
die in dem Leiden es noch schafft,
zu üben haben, auch in Liebe,
die fest gegründet darin bliebe,
wo Widerstand uns drängt zu gehen,
mit ihr, verzeihend, dies solln sehen?

317
GERECHTIGKEIT, WO LÄGE SIE?

Gerechtigkeit, wo läge sie?
Wo findet sich die weise Welt?
Und Schlechtigkeit, was wäre die
uns ohne Gier und Drang zum Geld?

Warum scheint nicht genug davon
in unsere Welt zu haben sein?
Wieso verschieden sei der Lohn,
das wird begründet mit nur Schein.

Scheinargumente, die uns blenden,
und halten sollen wir den Mund.
Doch sage ich, du kannst es wenden,
mit sinnigem Wort aus jenem Grund.

Der Grund sieht deutlich das Gerechte,
dass alle *gleich-verschieden* sind
wir hier auf Erden, die uns brächte
Geburten stets, als nacktes Kind.

Wo findet sich Gerechtigkeit?
Wenn nicht in deinem Herz-Geist frisch?
Such' dich in der Selbstmächtigkeit,
die schaut die Ordnung im Gemisch.

318
EINFACH IST'S NIE GEWESEN

Wer mag sich sinnvoll Fragen stellen und schauen
        nach einem Grund,
da doch dies Dasein zeigt auch Wellen von Wohl und
        Weh darinnen,
und zeugt dann Schönes, Wahres, Gutes, grad aus sei-
        nem Mund?
So einfach aber, Freund und Freundin, ihr, ist's nie
        gewesen.

319
RECHT LEICHT GLAUBT EINER

Recht leicht glaubt einer solchen, die Opferschmerzen zeigen.
Ob aber Opfersein hat jenen wirklich schon ergriffen,
zeigt nur ein gründliches Befragen gar dieser üblen Tat –
und nicht das eigene Feuer, das leicht ein Übel strafen will.

Denn jene leichte Neigung einen Hass zu transportieren,
weil einer meint, er sei im Recht und muss den Kot ausmisten,
lädt uns das Unrecht ein – erst recht –, das sei gewarnt,
weil unser eigenes Feuer viel zu rasch die Unschuld sich verbrennt.

320
WEIL ER SICH SELBST DARIN NICHT SCHAUT

Ungut der Mensch greift an das Gute,
weil er sich selbst darin nicht schaut.
Am Ende zückt er uns die Rute
und hat sich selbst noch nicht vertraut,
da keiner half und gab ihm Räume,
in denen er auch Zeit vorfand
für Frieden und für jene Träume,
dass uns die Liebe gibt die Hand.
Beschmutzen wird er uns den Glanz
und ungut schwätzen Firlefanz.

Unklar der Mensch vernebelt Klarheit,
weil er sich selbst darin nicht schaut.
Die Lüge wird ihm eine Wahrheit,
da er sich selber noch misstraut
und allen andern, auch den Klugen,
weil er das Wissen schmäht und meint,
die Welt sei aus den gestrigen Fugen
und sehnt nach Gestern sich vereint.
Verschlafen wird er die Entwicklung
und unklar bleiben ihm Verwicklung.

321
Wer nicht auf die Gewalt verzichtet

Wer nicht auf die Gewalt verzichtet,
wird nicht und nie dabei verstehen:
er hat sich selbst das Herz vergiftet
und guten Sinn noch nicht gesehen.

Sei es noch Glaube, der vermeint
ein absolutes Wissen soll
die Klarheit bringen, die vereint
die Menschheit führt zum Frieden voll.

Sollt uns das Wort nicht Abstand sein?
Zu nah an uns wird Mord daraus.
Wer fühlt noch einsam und allein,
er sei noch nicht im eigenen Haus?

So kämpft er mit der Urnatur
im Freien, wenn die Sonne scheint,
bei Hagel, Regen, auf der Spur,
da er noch ficht und nicht mehr weint.

322
Wer auf Gewalt verzichtet

Wer auf Gewalt verzichtet am helleren Tage
muss wohl erkennen, wann dennoch verteidigt er sei.

Er muss verspüren die Leiden fremder Gewalt,
und auch erkennen er muss den Frieden, der sei.

Doch leicht ist's nicht, auch augenblicklich darin,
denn, krass, ist *schnell* der Stich des üblen Worts.

So schneller muss sein das Gemüt und stark jene Kraft,
die jenen Frieden bedarf, den erringen die Großen.

Die Welt ist groß – und jenes All im Herzen schön,
wenn die Gewalt pariert und sehnlicher Frieden wird sein.

323
VOM EINSTIGEN TROMMLER

Schon Mal hat einer hier getrommelt
und unablässig angeheizt
mit Hetze und der Lügen Schimmel
den guten Anstand abgebeizt.

Schon Mal hat einer ausgetrickst
Respekt und Würde in der Welt,
uns stetig eitel angefixt
mit Aussicht auf das bessere Geld.

Schon Mal hat einer Krieg entfacht,
Millionen in den Tod geschickt,
dem Mord in seinem Haus gelacht
und seine Eva nie gefickt.

Schon Mal hat einer uns getäuscht,
weil wir fatal uns täuschen ließen.
Soll dies der Welt erneut geschehen?
Wann hat der Mensch sich selbst bewiesen?

Schon Mal hat einer schnell geschrien
nach Änderung von Land und Welt,
doch hatte er nur einen Spleen,
denn er verlangte Macht und Geld.

Schon Mal lag es an uns gewiss,
jetzt sind *wir* dran in heutiger Zeit:
Wo hört sich dir der „Vogelschiss"⁵
und wirres Denken, voll und breit?

Komm du, o Freund und Freundin, nimm
die Zeiten ernst und stähle dich
mit Menschlichkeit und klugem Sinn,
sonst trifft dich bald final ein Stich.

324
BRAUNER FISCHFANG

Sie geistig ruderte verbal, weil sie ins Straucheln kam dabei,
die gut gewachsene Zeit seit neunundvierzig war verpufft an ihr.

Sie fürchtete Verrat, weil sie die Haltung nicht begriff,
beschoss die Demokraten, die nur auf braunem Fischfang waren.

Sie sah die Basis nicht und nicht die luftigen Höhen jener,
die Basis all der Tradition, da ihr Vertrauen schwand.

Sie blieb nur an den Phrasen haften, die auch die Guten wählten,
doch war's strategisch nur zu sehen, den braunen Fisch zu fangen.

325
WAS IST DER FRIEDEN, DER UNS EINT?

Was ist der Frieden, der uns eint?
Was ist der Glaube, der uns trennt?
Was ist das Lieben, das uns meint?
Was ist das Wort, das dich verkennt?

Wann wird uns wohl ein Frieden tragen
in jene nächste edle Zeit?
Wann wirst du deine Fragen wagen
ob unseres und auch deines Leid?

Wie kommt Entwicklung hier zustande,
im Anbetracht Fast-Ewigkeit?
Wie kommt es, dass uns Besseres lande,
da du doch dafür bist bereit?

Such Fragen dir und lebe sie,
lass sprechen deinen edlen Sinn.
Sonst werden bessere Welten nie
und kaum gehaltvoll der Gewinn.

326
Nur Imitation

Schau an, das Gift politisch Rechter wirkt schon – schlimm;
lass nicht verwirren dich von Echten, die das Gift nur imitieren.

Es sind die Echten Demokraten, die zum Köder greifen müssen,
damit all unsere Gift-Verführten am Ende doch die Rose wählen.

327
Wird uns die Augenhöhe Sinn beweisen

Wir sind verschieden wohl in Form und Klang,
in Farbe, Prägung, Tradition und Kunst,
und wird mir dabei nicht echt bang,
da unser Atem zeigt sich gleich im Dunst.

Wir sind tief gleich, da uns doch rührt Gesang,
die Schönheit, Wahrheit und die klare Sicht,
die führn uns alle zu uns hin im Drang
den Frieden zu erfühln mit unserm Licht.

Wir sind recht gleich in der Verschiedenheit,
da – ähnlich – wir gemeinsam Menschen heißen,
und da uns alle auch verblieben Leid,
wird uns die Augenhöhe Sinn beweisen.

328
Jene Drei

Der Mensch geht durch die lieben Leiden frei,
wenn seine Liebe will und Kraft besitzt,
in jene tiefere Liebe, die auch ihn beschützt
und weiß, warum sie ist mal Eins, mal Zwei.

Denn Liebe weiß auch, dass nicht einerlei,
was jenes Wohl bedeutet und besitzt,
da jenes Leiden doch auch dabei nützt
dem Wahren, Schönen, Guten, jenen Drei.

329
IST ES ZUFALL

Ist es Zufall, dass ein Wort mir wird,
dir auch deinen leeren Geist erfüllt,
gleich darauf vom Baum des Lebens stirbt,
Sinn und Augenblick zeitlos enthüllt?

Ist es Zufall, was im All geboren,
du und ich uns trafen zu beginnen
zu besprechen, mit dem Wort verloren,
um den Augenblick uns zu gewinnen?

Ist es Zufall, dass Kunst eine Schöne,
Wissenschaft die Wahre, Völker Gut?
Sucht Gesang im Zufall seine Töne
und der Krieg durch ihn des Todes Blut?

Ist es Zufall, was hier schreibe ich?
Wo entspringt der Sinn, den du begreifst?
Wie erreicht Erkenntnis dich herzlich,
faltest aus, da du am Baume reifst?

Ist es Zufall, dass die Liebe liebt?
Dass die Krankheit heilt und wird geheilt?
Weißt du wie viel Wahrheit zeitlos wiegt?
Wie viel Sinn in unserem Herz-Geist weilt?

Ist es Zufall, dass wir finden können,
was gesucht nicht wurde, doch ersehnt?
Dass die Pflicht wird sich die Arbeit gönnen,
mit dem Dienst im Dasein ausgesöhnt?

Reinen Zufall gibt's nur absolut,
doch das relative All ist tief.
Heutigen Welten besser geht es gut,
da des Zufalls Gott uns dazu rief.

330
Vom Entfernen des einen

Oft ist es nur ein vertrackt Entfernen
eines einen, der nicht leiden kann
und auch will nicht zu den Sternen
hoch ins All hinschauen und sodann
jene Tiefe einer Liebe sichten,
die so nah ist, wie ein schönes Licht,
doch das dieser eine wird hinrichten,
da ihm das Vertrauen lang schon bricht.

Oft entfernt ein Mensch sich innerlich
nach den Jahren all der schönen Zeit,
wendet ab sich leider wimmerlich,
da zu groß ihm scheint das eigene Leid,
trägt hinaus sich mit der einen Weise
sich zu finden durch die andere Welt
dann am Ende schweigsam und so leise,
dass sein Geist ihn trennt nun wegen Geld.

Oft bleibt einsam Mensch, das eine Tier,
sieht die Freude nicht im Augenblick,
kündigt auf Vertrauen für das Wir,
sucht die Flucht in einem Geistestrick,
trägt hinein das Leid mit einem Groll,
da ihn schmerzt die Zeit zu tief darin,
schläft nicht aus und findet dies auch toll,
doch entfernt er sich ganz ohne Sinn.

331
Sind anders wir nur geworden

Sind *anders* wir nur durch lange Zeiten geworden,
wo saßen auf Bäumen wir, später mit Speer
gerade-aufrechten Zweigang für uns fanden,
betippen nun Tasten, mit Zeichen und Sprache,
die uns noch viel früher grob Laut nur gewesen,
da wir die Worte nunmehr rhythmischer lesen?

332
DIR WÄRME IST

So manche Lügen stammen aus dem Geist,
der Schaden will und daher hetzt dazu,
er glaubt die Lügen noch, was mir beweist:
ein solcher Mensch hat heut noch keine Ruh.

Und da er Unruh ist, bewegt er viele,
wenn Nachdruck er, wie jener Hitler, übt,
es ist bekannt, dass solcher eitlen Ziele
nur Schaden wollen, der sich der Welt zufügt.

Erkenne, Freund und Freundin, du entschieden
die Lüge an der Schuld –, die jener schmiert
an dich und andere – *damit* verblieben
dir Wärme ist, die nicht mehr friert.

333
NÄHE, ABSTAND UND DER MITTELSINN

Zu nah der Liebe sein wird zu Beginn nicht reichen,
da du willst eins mit ihr die schönste Einheit sein.

Zu weit entfernt von Sinn und Liebe wird verlieren
nach ein paar Jahren sich in Schmerz und Einsamkeit.

Es scheint ein Mittelsinn der beste Platz zu sein,
wo wir bewegen uns in Freiheit und Respekt.

Doch dieser Mittelsinn wird auch entwickeln sich,
da er gedanklich nicht und keinem Glauben folgt.

334
WANN HÖRT DER MENSCH SICH ZU

Wann hört der Mensch sich zu, wenn er und sie, vertraut
versuchen Sinn zu sehen in Liebe und der Welt,
da doch den Frieden sucht und Nahrung für den Bauch
ein jeder Schöpfersinn, der durch die Früchte spricht?

335
Keiner hat sich selbst erschaffen

Verschieden sind Menschen immer schon auch da gewesen,
doch eint sie Sinn und Form, Gesicht und Nase, lange schon,
da doch im Tiefsten gleich die Seele rührt sie inniglich,
weshalb sie ähnlich sehr, verschieden kaum, anscheinend nur
durch die Natur, den Gott der Zeit und auch des Zufalls Werk
der sind und auch geworden sind, wie diese Drei sie meinen
und daher tun, bewirken, was sie können – ohne Lohn
des eitlen Sinns, der meint, er hätt' sich selbst erschaffen.

336
Sind tiefer wir schon vorgedrungen

Sind tiefer wir schon vor ins innige All gedrungen,
uns selber edle Werte für den Lebenssinn
gefunden und entdeckt, uns gütig selbst entfaltend,
da die Natur und Gott und auch die Zeit dies wollen,
nun da wir sind, der wir doch sind und lächeln schon.

337
So leicht

So leicht fällt uns ein Wort der Schuld
in unseren Geist des Grams hinein,
recht rasch ermangeln wir Geduld
beim Schauen dessen, was ist fein
und stimmig nun und mit Respekt
genannt, weil wir nicht leiden wollen –
doch handelt in dem Geist versteckt
ein Leid, das uns verführt zum Grollen.
Wie wär's mit einem Atemzug?
Und nicht Breitseite vor den Bug!
Grad weil uns doch so atemlos
die Welt bedrängt im Herzen groß.

338
WIR BAUEN UNS EIN HAUS

Grade sind's die Schwachen, die
Starke und die Klugen töten
heute werden, wenn sie nie
Wahrheit schauen und erröten
vor den Lügen jener, solchen,
die schon immer Unsinn reden
und gehören zu den Strolchen,
die nicht menschlich Anstand leben.

Grade sind's die Üblen, die
Edle schänden und verbannen
oder schlimmer quälen, wie
tief verirrte Weiber, Mannen,
denen mangelt, fehlt der Sinn
von den Lügen abzulassen,
weil sie meinen, dass ihr Kinn
es erlaube so zu hassen.

Grade sind es wir, Ihr Freunde,
die den Trieben jener Zunft
Ordnung spenden können heute
und auch morgen durch die Kunst
klug die Wahrheit zu besprechen
durch der Fakten Evidenz,
da wir lieber nicht zustechen,
wie der Strolche Vehemenz.

Unsere Vehemenz wird Leiden,
Irrtum und die Täuschung lichten,
lindern durch die weiteren Zeiten
Weh und Gram, da wir errichten
eine Welt, Gerechtigkeit,
Vielfalt, die in Ordnung ist,
und verringern Schlechtigkeit,
da uns dies am Herzen frisst.

Grade sind es alle Menschen,
die ersehnen Frieden, Sinn,
denn genug zeigt Leben Kämpfen,
deshalb ist das Wahre drin
in den Zeiten, die gewesen,
den Epochen, die voraus,
in der heutigen Welt zu lesen,
dass wir bauen uns ein Haus.

339
TAGESLEID

Wer ist wohl schuldig schon gewesen
im Alltag, zwischen Frau und Mann?
Wenn all der Druck des Tageswesen
die beiden überrumpelt dann?

Sind beide schuldig? Oder einer?
Wenn Groll und Ärger ihnen wird
und sie zerrütten langsam, feiner
die Liebe, die sehr lange stirbt?

Und können beide wieder finden
auch ihre Liebe in der Zeit?
Um sich vom Ärger zu entbinden
und von dem Druck des Tagesleid?

Ist Kraft genügend, Leidenschaft,
um zu bestehen die irrigen Wellen?
Wird fressen sie des Freundes Haft
an sich, der er sich auch muss stellen?

Es gibt die Grenzen, die sie trennen;
es gibt die Liebe, die vereint.
Wer weiter wird durch Welten rennen,
vergisst, wie man gemeinsam weint.

340
Von Weh und Norm

Soll denn das Gestern ewig weilen
in dieser Welt der Kriegsgefahr?
Muss denn der Mensch sich stets beeilen
zu ignorieren das, was wahr?

Will er nicht jenen Frieden haben,
der keine Kriege mehr forciert?
Will er Gerechtigkeit nicht wagen
mit der Erkenntnis, die's kapiert?

Wer meint noch Kriege gibt es immer,
der Mensch könnt davon lassen nicht?
Wie arm ist aber dies Geflimmer
aus einem wirren Geist des Wicht?

Will gestern oder heut er lieben?
Will wandeln er die Menschlichkeit
hinein in das einander Wiegen?
Und überwinden Ängstlichkeit?

Im Gestern hält der Mensch gefangen
sich eine Welt der Furcht und Not.
Im Heute findet er Verlangen
und Sehnsucht nach der Liebe Brot.

Doch Gestern ist auch heut zu finden,
die Prägungen und alle Form.
Wer frei sein will muss sich entbinden
im Augenblick von Weh und Norm.

341
Händefassen

Wer Wissen hat und Weisheit übt, Erfahrung ehrt dabei,
wird Gründe sehen in dem All, die ihn noch glauben lassen,
dass Frieden wird dem Menschen sein und werden in der Zeit,
da nicht er glaubt an Krieg und Streit, doch an das Händefassen.

342
Hoffst du noch?
Oder glaubst du schon?

O hoffst du auf den Frieden nur, o Freund und Freundin, noch?
Und wählst für eine morgige Zeit den Trug all der Vernichtung?
So hoffe nicht, doch schaff entschieden Frieden in der Welt,
in jener kleinen, die dir ist und die den großen Krieg entscheidet,
denn jedem ist ein Krieg ganz nah, an jedem Tag der Zeit.

Warum? Wirst du mich fragen,
Freund und Freundin, vielleicht nun.

Wenn du nicht jenen Krieg schon siehst, der auch im Frieden wallt
und der sich zeigt in der Vernichtung der wunderschönsten Frage,
dann dieser Frieden dir noch nicht in deinem Herzen schallt,
da zwar du noch zu hoffen scheinst, doch glauben willst du's nicht,
denn dir ist dieser Krieg zu nah und du noch nicht in Frieden.

343
Der eigenen Liebe Licht

Drängt dein Geist dich noch dahin ein Urteil rasch zu sprechen?
Sucht dein Herz schnell Schuld an dir und auch an andern noch?
Spürst du jenes Leid des Geists und Herzens in dir drin?
Auch wenn du normal erscheinst und deine Arbeit tust?

Wo beginnt der Frieden denn? Wo beginnt der Krieg?
Wann beendet Geist den Krieg? Wann das Herz die Schuld?
Wie schaust du den Frieden an? Wie den kleinen Krieg?
Sitzt du still auf Grund und Sinn und auch mit Geduld?

Sicherlich du wirst verstehen, Leben ist nicht leicht
auf der Erde zu bestehen, denn es rasch auch reicht
hin für einen Streit und Krieg, Liebe ist so schwer,
denn die leichtgewichtige Welt erträgt sie nicht so sehr.

Viele meinen, dass die Macht der Wenigen sei schuld,
dass die Vielen Frieden wollen, nur die Wenigen nicht.
Täuscht euch nicht, sag ich zu dir, es mangelt an der Huld
gegenüber Wahrheit und der eigenen Liebe Licht.

344
WIE NAH BIST DU?

Bist nah du am Frieden? Bist nah du am Krieg?
Was zeigt deine Welt im alltäglichen Drängen?
Die Welt nicht dort draußen; die Welt mehr darinnen.
Schau bitte die Fragen, die Freunde erhängen.

Bist nah du am Freund? Bist nah du am Feind?
Was sieht dein Gefühl im täglichen Drang?
Nur immer allein der Mensch meistens weint.
Drum sehnen sich Menschen zum Trost und Gesang.

Bist nah du an Kunst? Bist nah du an Hass?
Was will dein Gemüt für's endliche Singen?
Entwicklung im Leben und All, das ist krass.
Der Seele des Menschen ist stets ein Beginnen.

Bist nah an Geburt? Bist nah du am Tod?
Was steht für dich an am heutigen Tag?
Verbleibe gewiss im aufrichtigen Lot.
Denn anders dich nicht dein Eigenes mag.

345
NIE GENUG

Der Mensch sucht Trost in einer angenommenen Größe,
sei's Gott, ein Führer, der starke Mann, ein Großmaulaffe.

Der Mensch flieht dem Moment, wo ihn Vertrauen finden könnt,
ein Leid, ein Schmerz, die Not, der coole Selbstbetrug damit.

Der Mensch befindet geistig, dass er's immer schon vermeint,
die Wahrheit, Lüge, Recht, das Geld und auch sein eitles Fressen.

Der Mensch ersehnt trotz allem, die höchsten Weihen, Lohn,
den Sieg, das Haus, das Ziel, die Freiheit, warum nie genug?

346
Sonneberger Sesselmann

Wer blau vermeint und braun verharrt,
wird mir, auch mit dem größten Lob
von Leuten, die ich gar nicht kenne,
den Eindruck eines Ehrenwerten
nicht verschaffen.

Ob 100 Tage schon im Amt,
ob nach dreihundertfünfundsechzig
ein Fakt sich als Versagen fand,
so findet es sich doch geschwätzig,
was einer mir so sagen will:

Dass ausgewogen und doch fair
man solle mit dem – Hass – umgehen,
das sei nicht leicht und ja, doch schwer,
doch sei es für uns ausersehen;
dem spuck ich ins Gesicht.

347
Schon zehn Jahr ungut

Bleibt sauber, Freund und Freundin, ihr,
wenn Dreck im Wort von den Ungeistern
beschmutzt die klare Sicht des Wir,
da die mit Lügen Wahrheit kleistern.

Bleibt frisch, ihr Freunde, offen, fein,
wenn trübe Wasser faulig denken,
im Trüben fischen und allein
vermeinen, dass sie Klarheit schenken.

Bleibt wach, ihr Freundinnen, bleibt wach
und wacher werdet bis zur Hut,
denn jene Dreckigen mit Krach
zerreden schon zehn Jahr ungut.

348
DROH DOCH, GROSSKERL

Droh doch unseren Tod herbei,
Freund, du bist ein Arsch.
So was Dreistes, wie du sei
Futter für den Barsch.

Und genau das willst du hörn,
weil du provozierst
großen Krieg und das Verschwörn,
weil du's nicht kapierst.

Freund, warum bleibt ungehört
dein recht tiefes Leid?
Da du noch bist doch gestört
und hast keine Zeit.

Keine Zeit für Therapie?
Freund, du brauchst den Raum!
Denn, gib zu, es irgendwie
ist doch, wie ein Traum.

Hör jetzt auf Großkerl zu spielen,
nimm den Frieden an,
such in Arbeit dich im Zielen
für die Wahrheit dann.

Was ist sie, die Wahrheit, wohl?
Freund, das ist nicht leicht.
Wer sie leicht nimmt zeigt sich hohl,
weil's ihn nicht beschleicht.

Stelle mehr die Fragen frisch,
sperr die Ohren auf,
glaube nicht sie auf dem Tisch
oder im Verkauf.

Hilf dir selbst, du Ärgerlicher,
baue Frieden auf,

o du stolzer Wodka-Bichler,
mach es und wach auf.

Baue Frieden in der Welt,
trage dir sein Licht
nicht zum Krieg und zu dem Geld,
doch für bessere Sicht.

Denn, o Freund, die Sicht entscheidet,
ob die Lüge bleibt
oder ob die Welt bereitet,
was sich Wahrheit neigt.

Wer, wie du, den Krieg beginnt,
zeigt sich schwach und klein;
wer mit Mord den Kampf gewinnt,
der bleibt nur ein Schwein.

Und er wird nicht ewig leben,
Wahrheit kommt ans Licht,
andre werden sie uns geben,
Freund, sei doch kein Wicht.

Wache auf von deinem Traum,
trete nun zurück:
find dir einen freien Raum
für das bessere Glück.

349
FREI NACH BERTRAND RUSSELL[6]

Zuerst faszinieren sie die Dummen
und dann sind auch die Klugen dran,
von denen ihnen Köpfe brummen;
sie mundtot machen Kluge dann.

Am Ende Dumme überleben,
die Klugen sind gewesen dann,
ermordet und nie mehr erstreben
Erschaffung besserer Welten sie.

350
GING EIN HERRSCHER

Ging ein Herrscher nicht in Rente,
sprach er aus den Marschbefehl,
war der Presse keine Ente,
die nun schrieb und schrieb.

Schoss der Herrscher keine Ente,
tötete doch Menschen so,
ging die Presse nun in Rente,
war nun mehr im Haushalt lieb.

Wehrte sich der Angegriffene,
weil er doch das Leben liebt,
war nicht wirklich der Verpfiffene,
weil die *andre* Presse schrieb.

Ging ein Herrscher nicht in Rente,
gingen ihm Millionen zu,
Menschen, Gelder, keine Ente,
und im Schmerz Zerstörung blieb.

Ging ein Herrscher nicht in Rente,
klärte er Millionen auf:
„Ich zerstöre jede Ente,
denn die Presse ist ein Dieb."

Ging ein Herrscher nicht in Rente,
weil er zu viel Geld bekam,
schoss mit Mörsern jede Ente,
drum die Presse schrieb nicht mehr.

Ging ein Herrscher nicht in Rente,
wurd zum einzigen Wort ernannt,
der nun wirklich alles stemmte,
alle Welt, die baut auf Sand.

351
Wir sind mehr als Meinen

Ja *mehr* als was manch andre meinen
sind du und ich, das sei genannt,
besonders, da wir zu den Feinen
gehören, Freund, in jedem Land.

Ja *mehr* als bloß ein wertiges Wort,
das zu beschreiben sucht damit,
ist, was sie finden an dem Ort
des Fassens, weil sie dann nun quitt.

Ja *mehr* als Selbstgerechtigkeit
spricht aus den Worten anderer,
denn wertende Verdächtigkeit
misstraut dem Sinn der Wanderer.

Und das sind wir, auf unserem Weg,
manch Wort hält uns am Müllplatz fest.
Drum lasse frei des Menschen Steg
und heil das Wort und dessen Pest.

Wir sind wohl mehr als wir erscheinen,
auch wir verkleinern andere auch,
wir fühlen größer uns im Meinen,
und das ist nur ein eitler Brauch.

Wer Größe sucht und wertet ab,
der bleibt doch klein in sich gefangen.
Wer Größe will muss groß schon sein,
er sucht es nicht im Schlag der Stangen.

Wer in sich ruht im Frieden sehr,
hat groß und klein schon transzendiert,
ihm ist auch jener Kampf zu schwer,
der mit Gewalt auch nicht kapiert.

352
VON DEN GIFTIGEN LEUTEN

Recht leicht es werden giftige Leute
mit Hass die miesen Lügen streuen,
erzwingen sich die tierische Beute,
da sie vor Mord zurück nicht scheuen.

Zerrütten Anstand und Respekt
das werden diese Lügner tun,
sie haben Sachlichkeit verdreckt
und laufen auf zu großen Schuhen.

Ich kann mit Fug und Recht behaupten,
die Lüge ist des Geists Atom
und Waffe, die sie sich erlaubten,
da sie die Beute nennen Lohn.

Recht rasch es können giftige Leute
den Protz verehren und den Hohn
auf Wahrheit werfen und mit Freude
das Land zerrütten hin zum Fron.

353
FÜR WAHR ZU HALTEN

Für wahr zu halten, meint das eitle Meinen,
genügten Nasen schon und Egowelt.

Für bare Münze wird sich Falschgeld halten,
da sie in Lüge glaubt der Wahrheit Held.

Für klare Worte wird sich Irrtum stärken,
und ruht im Nebel, ohne Horizont.

Für Fakten sprechen dann die üblen Lichter,
vergewaltigend den schönsten Sinn.

354
NICHT EINSCHÜCHTERN LASSEN

So lass dich nicht von Trotz einschüchtern
und werd daran nicht resignieren;
ja lass dich nicht vom Kotz ernüchtern
und davon niemals infiltrieren;
nein, lass dich nicht von Protz beflüstern,
da dieser wird es nie kapieren;
und lass dich nie von Rotz verschüchtern,
auch wenn er will mit dir flanieren.

So lass dich mehr vom Lieben leiten,
entfalte sinnigen Grund und Wert;
ja lass dich auch im Wiegen weiten
Gewicht entlarven, das verkehrt;
nein, lass dich nicht zum Siegen reiten,
da dieses hat sich kaum bewährt;
und schaue, dass, vom Hieben schreibend,
du klärst die Welt auf, weil dies nährt.

355
O WERTE NICHT AB

O werte nicht, du Freund der Eitlen,
nun meine Fragen einfach ab;
o wische nicht vom Tisch des Heiteren
auch meine Bilder einfach weg.

Ersuche mehr, Freund, die Gescheiten
auf deinem Lebensweg vertraut;
befische mehr der Wahrheit Weiten
in jenem Ozean des Lichts.

356
SIND WIR FROH?

Können wir uns selbst vertrauen? Und tiefen Sinn erblicken?
Was gäb es wohl zu sehen? Sind wir darin als Liebe froh?

357
DER GROSSE BOGEN

Oh – Frau und Mann entstammen von den Affen,
die noch in Bäumen schwangen, Äste greifend,
und dann sich Speere machten und die Sachen,
womit sie aufrecht wurden, weiter reifend.
Und heute sitzen sie vor'm Fernseher, gaffen,
dass es den Joghurt gibt und Wissensshows.

358
FREUNDSCHAFT UND EHE

Vertrauen soll sich prüfen können,
im Herzen noch gefunden sein.
Was wird sich aber andres finden
als Treue, Mut und Menschlichkeit?

Nicht weil die eine Hand die andere wäscht,
doch weil der Freund meist weise ist,
auch klug, empathisch das verzeiht,
wo er sich sieht auch selber drin.

359
BALANCE UND ANBETUNG

Stehe und auch gehe fein in der Balance,
womit das *Ich* und *Wir* in Frieden bleiben könnt,
denke ich hier mal. Doch es braucht mehr auch Chance,
Kräfte und Geschick, was auch im Innern reibt.
O du, Freund und Freundin, lass Natur dich nähren
niemals jenes Eine nur absolut anbeten.

360
WIRD ES GELINGEN?

Wird es gelingen, nicht Phrasen und Glauben über das Wissen
jenem Morgen und Übermorgen unseren Welten zu überlassen?

361
NICHT UNVERSTANDEN SEIN[7]

Lächle wohl, oh Freund, doch lache nicht dabei,
lache nicht noch weg, die meine Wirklichkeit.

Ja, Warum? Fragst du mich nun verwirrt davon?
Schau mit mir hinein, sag ich zu dir, ins Leid.

Lache nicht das unsere tiefe Sehnen fort.
Oh du Mensch, mit Sinn begabt und dem Verzeihen:

Lass mich nicht noch unverstanden sein, du Herz.
Da doch meine Seele eine gute ist.

362
SELBSTERKENNTNISSTREBEN[8]

Was finden wir im Selbsterkenntnisstreben?
Erfinden wir ein Bild nur und den Glauben?
Die Phrase über mich, die mir soll geben
den Sinn mir nun mich selber zu erlauben?

Und endet dann für mich das Fragen stellen?
Werd finden ich den aller letzten Hafen?
Würd ich dann nie mehr neuen Sinn erhellen,
da endlich nun in Frieden ich werd schlafen?

Es scheint sein Ziel im Augenblick erfüllt
und doch nie absolut am End zu sein.
Ich komm zurück in das, was mich umhüllt
und mich befreit von jenem Jammerlein.

Denn ist nicht Leiden an mir selbst, der Welt,
der Grund für Krieg und all den ewigen Streit?
Mir sagts der Augenblick, wo ich nicht Held,
doch frei nun bin von jenem Kampf und Leid.

363
WIE LÜGEN UNS VERFÜHREN

Lügen führen in den Krieg,
wenn zu lang sie nicht erklärt
und der Geist mit ihnen Sieg
und die Wahrheit auch verklärt.

Lügen führen hin zum Mord,
wenn zu lange sie geglaubt
und im Herzen wurd der Ort
zu dem Gift, das Leben raubt.

Lügen führen Feinde ein,
weil sie sie verhasst erfinden,
und sie pochen auf den Schein
Recht und Ordnung zu begründen.

Lügen führen Klagen zu,
weil sie keine Fragen stellen
und bestimmen dann, dass du
Abschied nimmst von deinen Quellen.

Lügen führen sich im Kreis
auf der Stelle, in der Luft,
und verleugnen den Beweis
ihres Trümmerkrieges Duft.

Lügen führen Fragen irr
auf den zynischen Weg, sei wach,
denn Aufrichtigkeit ist dürr
jenen Lügen und liegt brach.

Lügen führen Fremdheit ein,
weil sie das Vertrauen zerrütten
und die Fakten auch recht fein
mit der Furcht der Welt zuschütten.

Lügen führen Führerschaft
dreist hinein zur Diktatur,

denn es fehlt die Leidenschaft
für der Sachlichkeiten Spur.

Lügen führen eine Sprache,
die wahrhaftig sich vermeint,
da ihr nicht die Klugheit mache,
was als Wahrheit ihr erscheint.

Lügen führen einen Krieg
gegen sich, das sei genannt,
denn sie sind sich noch nicht lieb
auf der Welt, in ihrem Land.

364
ÜBER IRONIE UND SPASS

Fassungslos wir könnten sein,
müssten es, wenn's Lüge wär.
Manchmal Lüge ist nur Schein,
frotzelt spaßig, bitte sehr!

365
WENN JUNG

Wenn jung ist erwachsen der Mensch schon geworden,
er mit Befehlen wird leichter zu lenken sein,
da er nicht kritisch und noch nicht ausgewogen,
und die Lügen der Welt nicht verstehen kann schon.

Wer hat Interesse das Kind noch zum Kriege zu führen?
Wem liegt am Frieden das Herz und die Wahrheiten auch?
Dann müsste global der Mensch der Mündigkeit Brauch
er lieben doch – damit die Soldaten nicht nötig fürs Lügen.

366
WACHSEN IN DAS ALL HINEIN

Wachsen in das All hinein für eine ernste Weile schaut
tragendes Verlangen bald den Herz-Geist zu erleuchten.

367
Vom alten Weisen

Den alten Weisen hört man nicht,
man hört den jungen Mozart an,
man legt auf Jugend das Gewicht
und betet das Talent nun an,
man ist vom Beatle sehr erpicht,
da dieser es so jung schon kann,
man findet Jugend im Gedicht
und meint es sei damit getan.

Doch durch des Gottes Zufall Licht
auch diese Welt erblickt sodann,
den Weisen, der trotz Leiden Sicht
und Weisung dennoch geben kann.
Die Frage ist, ob Menschen nicht
doch interessiert an Weisheit sind,
ob nur das Seltene sei Gewicht
und nicht doch sie auch selbst bestimmt.

368
Der Lebensabend

Der Lebensabend wird noch einmal streng,
wenn schwach, verletzlich wir geworden sind,
nur schwer noch laufen und mit Rollatoren
im Altenheim auf unsere Zimmer fahrn.

Der Lebensabend lange sich hin zieht,
wenn wir mehr siechen, vielleicht, weil's so ist,
nicht scheint zu meiden, da dies Leben flieht,
da uns der Kosmos bald im All vergisst.

Der Lebensabend wird an Würde kratzen,
weil nah an ihr das rauhe Lebensende
recht möglich zeigt dann seine spitzen Tatzen,
da Ewigkeit sich nun im Herzen sende.

369
O GLAUBE NICHT DEN HASSERFÜLLTEN

O glaube nicht den Hasserfüllten,
den Trotzigen nicht und Klagenden.
O suche mehr, was diese kühlten,
wie Frische jener Fragenden,
die frei und froh berührt umhüllten
das Leid des Irrtum Sagenden.

O frage mehr dein stilles Herz,
die Freude, die dein Frieden ist.
O lindre mehr des Leides Schmerz
damit du Liebe nicht vergisst,
die frei und froh als Frühlingsmärz
das Blühen denkt, das du schon bist.

370
SCHAUE TREU DAS HERZ

O Freund und Freundin, schaue treu das Herz
des Menschen der dein Feind will sein am Tag
und dir die Nacht schon brachte, da er dich verletzt
mit seinen Worten hatte oder gar mit mehr.

Wenn dies gelinget dir, sein Herz zu schauen,
wirst schauen du, was er noch nicht erschaut:
Nicht nur die Liebe, die *du* bist allstets,
doch auch den seinen Hass als irriges Vermeinen.

Du wirst erkenn' in dir den weisen Frieden,
da dich der Sinn erfüllt der Wirklichkeit
und dir wird Leben schön, wie du es bist
und wirst im Leide nicht des Feinds verweilen.

Die Zeit wird kommen, da du dies erschaust
und spürst die Gnade deiner Schönheit treu,
die nicht das Äußere meint, doch seelisch froh
dein Herz dem All des Mutes deiner Kräfte schenkt.

371
Wenn erst der Krieg

Wenn erst der Krieg, mit seinen eitlen Lügen,
der ganzen Welt hat in den Schritt gegriffen,
wird jeder sich verhasst auch schuldig fügen,
da er den Frieden wird nicht mehr vermissen
und so die Sehnsucht nach Erkenntnis-Frieden
bleibt schmerzlich unterdrückt in jenen Kriegen;
so ward die Selbstvernichtung angefacht.

Wenn erst die Wahrheit wird nicht mehr gesucht,
die Furcht vor Tod und Tod Gewalt bewirkt,
ist jeder Weise bald der Welt verflucht
und bleibt der Frieden für uns all verwirkt,
da wir in Schande, Scham und Lügenhatz
nicht mehr verspüren Frieden und den Schatz
des Augenblicks Vertrauen und Ehrbarkeit.

372
Sinn und Licht

O fremder Freund, denk nicht zu dunkel für die Welt
und achte auf das Lichte in dem All der Zeit.

*

So wahr könnt sein so vieles für uns, Freund,
verschlingen wird die ewige Zeit wohl auch das Licht.
Doch bis dahin sind Chancen aus dem All,
die Welt zu nähren in der Zeit mit lichtem Sinn.

*

Ja, Sinn und Licht entkräften Leid;
wer kennt das nicht?
Doch was ist Licht?
Das wusst auch Einstein leider nicht.

373
Zu aller Wohl

O Freund und Freundin, lasst gemeinsam uns die Zeit
und Würde ehren, da wir alle doch verschieden nicht.

Lasst uns die Fragen schauen, die lange schon benannt
und auch die frischen neuen aus der Herz-Geist-Brust.

Was sehn wir dann? Wie fühlt der Friede sich dann an?
Tun wir genug und was wir können zu aller Wohl?

374
Was ist das Glück?

Nun, Freund, was ist das Glück derweil?
Liegt's nicht in Nahrung, frisch und frei?
Liegt's nicht in dem gewordenen Vertrauen?
In dem Respekt, der unseren Frieden will?

Was wäre wohl davon zu halten,
dass mit Kritik und Trotz erscheint
ein Kampf mit nur sich selbst dabei?
Ganz klar ist Kampf nie glücklich, Freund.

Um Nahrung sollte keiner kämpfen,
Vertrauen sollt sich prüfen stets,
daraus erwächst Respekt für uns
und bleibt der Frieden aller Welt.

375
Apropos Lügen

Lügen führen zu Gewalt.
Lügen sind gewiss Gewalt.
Gebt gut acht, ihr Freunde, prüft.
Stellt die Fragen, die ihr schaut,
ob Vertrauen euch berührt.
Oder ob emotional
euch zum Hass bleibt kaum die Wahl.

376
DIE SCHULD WIRD TREIBEN

Die Schuld wird einen Menschen treiben
zum Kampf mit Lügen, die er meint
als Wahrheit und als Grund der Leiden,
doch schätzt er nicht das, was vereint,
wird Spaltung, Hetze, Hass bestreiten,
hat Schuldige damit verkeimt.

Die Schuld will Menschen nur gefügig,
gehorsam und auf Spuren bringen,
es findet sich nichts edelmütig,
doch nur die schuldigen Worte schwingen,
da Schuld per se fühlt nicht mehr gütig,
wie wir gemeinsam könnten singen.

377
GELINGT DER FRIEDEN?

O Freund, gelingt der Menschheit endlich jener Frieden,
der lange hält auf Erden uns und nie mehr bricht?

Was wartet dabei nun auf uns dafür zu tun?
Denn ist es nicht ein Leben gegen Krieg allein.

Der Einzelne und die Gemeinschaft sind zu einen,
indem Vertrauen findet uns, nicht Überredung.

Indem wir Schuld erschauen im Hang uns zu beschulden,
die uns dann ist und doch der andere auch durch uns.

O Freund, gelingt Verzeihen dir mit großem Herz?
Gelingt dir mehr und mehr Vernunft und Liebe gar?

378
STELLE FRAGEN ÜBER LIEBE

Stelle Fragen, Freund, dem Freunde über Liebe und Vertrauen,
höre innig was sich spürt und suche Tiefes dir zu schauen.

379
Wenn Trauer

Wenn Trauer dich ergriffen hat,
das Weh sitzt tief und fest
und Denken ist mehr trüb und matt,
weil du nicht mehr im Nest,
dann schaue auf die schöne Zeit
und löse dich vom tiefen Leid.

Das Nest der Weisheit des Vertrauens
war wohlig und ist noch in dir,
wenn du dich übest im Beschauen
des Schönen, das dir sei das Wir
gewesen und auch heute noch,
da du doch liebtest dieses doch.

Komm heim erneut in jenes Haus,
indem du liebtest nicht nur dich,
komm aus der Trübnis damit raus
durch jene Liebe, die herzlich
erschaut die Freude jeder Zeit,
da diese wartet auch am Leid.

Und dann lass ab das Haftende
von deinem Herzen friedlich tropfen
in jenes immer Wachsende,
wie Gerste, Weizen, Mais und Hopfen,
und gönne dir die Trauerzeit
in Stille mit dem All tief weit.

380
Von der atemlosen Enge

Manchmal schafft das Leben Enge, die uns Atem nimmt;
Traurigkeit verlangt ein Tauchen in das Leid der Zeit.

Manchmal braucht das Herz die Stille jenes Friedens,
der uns grad verloren ging – und aus den Räumen hüpfte.

381
Sie sassen und tippten an Laptops[9]

Sie saßen und tippten an Laptops,
und schrieben politisch viel.
Die Männer saßen mit Flipflops,
die Frauen kannten das Spiel.

Der Privatier vermeinte:
„Die AfD ist doch Schrott."
Die Lageristin verneinte:
„Die bringen uns wieder ins Lot".

Die Psychologin betonte:
„Die projizieren die Schuld,
da irrig die meinen es lohnte
damit zu begründen den Kult."

Nur Unterwäsche bekleidet
der Rechtsanwalt, ohne die Klage:
„Die Demokratie uns verscheidet,
wenn das Parteiverbot sie nicht wage."

Der Lehrer blieb cool und schrieb:
„So schnell geschieht das hier nicht".
Die Künstlerin schnaubte: „Sei lieb
und provoziere uns nicht den Verzicht".

Der Versicherungsmakler verkannte:
„Die treffen die Sorgen des Landes."
Die Prostituierte bekannte:
„Mit so was nimmt nur überhand es".

So tauschten sich Worte und Sichten,
die Leute erregten sich auch,
da jeder was wollte berichten,
den anderen heben vom Schlauch.

Im Netz da ist immer ein Plätzchen,
mein Liebes, da solltest du sein,

dort machen die Blaubraunen Mätzchen,
doch du wirst entlarven den Schein.

382
VON DER WEISHEIT UND ANGEBLICH ZWECKLOSEM

Freund, es geht darum das Bessere zu tun,
zu sagen, zu schreiben, zu argumentieren.
Wenn du winkst nur ab, wie ein scheues Huhn,
dann kannst du die Weisheit noch nicht kapiern,
dass emotional die Lügen vernichten
Gemeinwohl – und daher wir müssen berichten,
nicht meinen, es hätte doch gar keinen Zweck
vom Gegner zu glauben er ende den Dreck,
weil er nicht einsichtig, weil er doch so dumm;
mein Freund: ohne Weisheit bleibst du auch so krumm.

383
DER REISESTOLZ

Der Reisestolz so mancher Leute
ergötzt sich an Fassadenkunst
und sucht im Shop die dröge Beute
der Karte von der Elchen Brunst,
nichts wissen wollend von der Welt,
die ungerecht entbehrt das Geld.

Der Reisestolz der schwäbschen Frau
schwätzt eilig und auch schnuddlig von
Banalem und auch dem Wau-wau,
wie putzig sei der Nachwuchs schon,
um dann gleich drauf mit stichigem Wort
Gelächter zu beschallen vor Ort.

Der Reisestolz von Ruth und Gretel
zeigt Freude kaum in sanfter Weise,
doch aufgezogen bis zum Schädel
die Flucht vorm Alltag gar nicht leise
und exaltierte Wortekraft,
die nun die Welt find sagenhaft.

384
ALTER

Das Alter wird zum Schwergewicht,
da schwerer uns die Beine gehen,
da trüber wird das Augenlicht
und Worte wir bald schwer verstehen.

Ein Alter ist ein Schwergewicht,
wenn weise Worte aus dem Geist
entfalten sich ans Tageslicht
aus einem Herz-Geist, der's beweist.

385
DER SACHLICH UNTERLEGENE

Der sachlich Unterlegene wird eitel sich empören,
wenn jäh sein Ego-Wille ihm nicht wird befolgt;
er greift zur Schuld und Klage, wird persönlich rasch
und sucht im säuselnden Gespräch auf seine Welt zu pochen,
indem er spüren lässt ein Unwohlsein im Bauch,
ein Schlag hinein aus dessen Krampf kalt ausgeführt
und keinen Deut kapiert, um was es geht dabei.
Gib acht daher, o Freund und Freundin, diese Welt
wird lange noch bedürfen, solchen nicht die Macht zu leihen.

386
„ALLE WOLLEN INDIVIDUELL SEIN.
ABER WEHE JEMAND IST ANDERS.“

Alle wollen erfolgreich sein.
Aber gibt's ein gemeinsames Ziel?

Alle wollen in Frieden leben.
Aber wer weicht davon noch ab?

Alle wollen und wollen und wollen was.
Aber wer will im Wollen auch geben?

387
VOM LEID

Körperliches Leid ist Hunger.
Geistiges Leid ist Irren.
Psychisches Leid ist Einsamkeit.
Seelisches Leid ist Hass.

Hunger braucht Nahrung.
Irren braucht Ordnung
Einsamkeit braucht Vertrauen.
Hass braucht Liebe.

Liebe braucht Nahrung.
Vertrauen braucht Liebe.
Ordnung braucht Vertrauen.
Nahrung braucht *Natürlichkeit*.

388
HILFE, FRAGEN, IRRTUM

Wer einem hilft, hilft noch nicht viel.
Wer Zweien hilft schon mehr.
Wer tausend hilft, der kennt das Spiel.
Wer sich selbst hilft, bleibt wer.

Wer Fragen stellt, muss noch nicht wissen.
Wer Fragen prüft, wird suchen so.
Wer Antwort gibt, muss noch nicht wissen.
Wer Antwort lauscht, hört Fragen froh.

Wer achtsam ist, wird Schaden meiden.
Wer aufmerksam, wird Leiden spüren.
Wer klüger wird, durchdringt die Zeiten.
Wer Irrtum fasst, fasst Wahrheitsmut.

389
SPÜRST DU?

Spürst du die Rechten schon im Schritt?
Fühlst du dich schon dran aufgehängt?
Machst du vielleicht noch dabei mit?
Hast du die Lügen schon verdrängt?

Schaust du die Dreistigkeit im Wort?
Kannst du den Sinn schon deutlich sehen?
Denkst du das führe wohl zum Mord?
Wirst du den Kampf nun doch verstehen?

Was spürst du, wenn du Lügen hörst?
Kannst du die Lügen schon verstehen?
Was fühlst du, wenn du dir gehörst?
Wenn du die Wirklichkeit kannst sehen?

Und wenn die Rechten reden dies
und über das in dieser Welt,
was ist es, dass es dir bewies,
dass sie liebäugeln mit dem Geld?

Siehst du die Vergewaltigung?
Spürst du ein Weh in deinem Schritt?
Such nie in Hybris Sättigung
und mach nicht bei den Lügen mit.

390
MAHNTE DER FROMME

Mahnte der Fromme zum mäßigen Ton den Freiheitsgerechten.
Trug jener Sinn nicht Früchte schon heute dem Glauben.
Hörte der Fromme den kreischenden Klang nicht des Mauls,
da der Freiheitsgerechte verteidigte Wahrheit und Wert;
hatte das Maul seine Schnauze mit Kot ja noch voll.
Sorgte gerecht der Gerechte für klarere Kanten und Sinn –
doch dieser Fromme bestand auf krummbuckligem Quatsch.

391
ERTRÄGST DU NOCH ODER SPRICHST DU SCHON?

Erträgst du noch die Lügner, die ich seh?
Die Leute von der ollen AfD?
Bist du immun schon gegen deren Gift?
Und flammt dein Geist aufgrund noch eines Wicht?

Was sagt dein Herz zu all dem Jammervollen?
Wie sollen wir stoppen diese eitlen Tollen?
Wie wirst begegnen du den wirren Geistern?
Was wirst du an die Häuserwände kleistern?

Bereite dich schon früh im Leben vor
die Fragen dir und Freunden vorzutragen,
die guten Fragen, die dein Herz erkor,
wenn du noch nicht zu sehr versinkst in Klagen.

Besinne dich und forsche froh und offen
nach tieferem Sinn und dir und lass auch hoffen,
was dein Vermögen und dein Glanz dir spenden,
damit du hilfst die dunkle Zeit zu wenden.

392
GEFÜHLE FLAMMEN AUF

Gefühle flammen auf in jenen Geist hinein zum Trotz
und zum Erstrecht, weil doch entschieden schon
        der Mensch vermeint,
er habe Recht und doch der andere, der liege völlig krass,
und trennt sich so die Chance zu spürn, was uns vereint.

Doch ganz kann nicht auf dieses Fühlen heut verzichtet sein,
da dieses Leben ist kein heiles Schaukelpferd;
wir brauchen Mut und Schauen der Wahrheit und Aufrichtigkeit,
wo dieses fehlt und Macht verlangt dabei, sind wir gefragt.

393
ILLUSTRE RUNDE

Der Höcke ist paranoid,
doch klinisch nicht, sonst wärs geschehen,
er singt der Demagogen Lied,
wie Trump wir müssen auch verstehen.

Die Weidel ist die Hetzerin,
die Hass auf Unschuld projiziert,
die Schnitzelfresser Schwätzerin,
die menschlich hat's noch nicht kapiert.

Der Gauland ist Reduktionist,
sein „Vogelschiss" ist doch monströs,
auch er ist wirklich Eskapist,
er leert Begriffe generös.

Chrupalla ist ein Möchtegern,
dem Macht gefällt um seinet willen,
ihm sind die klugen Worte fern,
da er sie sucht noch nicht im Stillen.

Der Krah ist Proll und Egomane,
ein kleiner Mann mit der Zigarre,
ein Blender, der noch schwenkt die Fahne
am Platz der Fakten, die er narre.

So ist genau krass diese Runde
illustrer Damen, Herren, wirr,
hört hin, doch seht den Drang am Munde:
Zerspahnen wollen sie's Geschirr.

394
ARNO

Arno Gruen schrieb gute Bücher über solches Drang-Gebaren,
fremd in uns, sich selbst verraten, kämpfend um Demokratie,
falsche Götter, die verloren Mitgefühl in ihren Scharen,
Hass tief in der Seele schwelend – das bedingt schon immer die.

395
Von den Leeren und Vollen

Wer innerlich noch leer und hohl
wird äußerlich nach Geld verlangen,
nach immer mehr bis zu dem Pol,
wo er auch andre wird sich fangen,
da ihm genügt nicht nur ein Wohl,
muss er auch bis zur Macht gelangen.

Wer innerlich ist voll und frisch
wird äußerlich die Feinheit schauen,
er leert den Eimer, deckt den Tisch
und wird auch prüfen das Vertrauen
auf Herz und Nieren, und beim Fisch
wird er die Weiher stetig bauen.

Der Leere ist dem Vollen Gefahr,
da erstrer hat sein Herz noch nicht,
der Zweite ist der Seele nah,
da diesem ist der Alltag licht,
und da ihm sind die Fakten wahr,
wird nur der erste sein ein Wicht.

Der Frische sieht den Tag schon schön,
der Hohle kollabiert am Fisch
und spuckt mit großem Maul die Tön,
sodass er Gift spritzt ins Gemisch
der Welt dort draußen, wo er leer
noch sucht verzweifelt, wer ist er.

396
Vom Dorfplatz

Schaut hin, wie es geschieht, wie Menschen noch nicht suchen.
Wenn suchen sie, so finden sie, das, was sie selber von sich meinen.
Schaut auf, wo geht es lang, wo muss die Menschheit hin?
Und kommt mit Wärme und mit Weisheit heim in eure Höhle,
zum Stadthaus oder auf das Land, wo uns der Dorfplatz ruft.

397
VON ANGST GETRIEBEN UM DIE PFRÜNDE

Von Angst getrieben um die Pfründe
wird Panik nicht ganz sichtbar sein,
der eine aber rasch verkünde:
„Wer das nicht will, der bleibt allein";
und so Gewalt sich zeigt am Mensch,
der keine Fragen stellt im Schein.

Von Furcht besetzt die Antwort heißt:
„Die Zeit uns drängt zu handeln jetzt",
was damit einmal neu beweist:
das Fragen ist nun ausgesetzt,
womit das Denken bleibt recht eng
und hat den Menschen auch verletzt.

Gelänge es den Sinn zu teilen,
dass Fragen führen meist recht weit
ins Neue, Bessere und wird heilen,
was einst verborgen lag im Leid,
dann wäre Hoffnung und Respekt
viel eher in der Welt und Zeit.

398
FURCHT

Schau Furcht dir an, wenn sie erscheint,
lass ab von ihr und schaue nur,
und glaube nicht, was Geist dann meint,
denn Furcht erzeugt die falsche Spur.

399
BLEIBE BITTE TREU

O Mensch, du bleibe bitte treu dem Frieden dieses Augenblicks
und komm zurück, ohn Schad' und Schand',
wenn er entglitten war.

400
Wer?

Wer sucht nach klarer Wahrheit schon und noch?
Wer lässt sich irre machen von den Welten?
Wer will schon wissen, was es heißt zu lieben?

Wer übt die Menschlichkeit und das Gerechte?
Wer übt das Fragen stellen schon mit seinem Ohr?
Wer übt das Schweigen auch mit tiefem Sinn?

Wer nährt den Augenblick mit warmem Wohl?
Wer wächst an Schuld und Schand' darinnen frei?
Wer kennt die Trauer schon im Lächelnden?

Wer will es wissen, wie es sich verhält?
Wer will verstehen, wie es sich verhielt?
Wer will erkennen, wie es bald verheilt?

Wer noch verspürt die frohe Sicht in einem Leid?
Wer schaut und fühlt den feinen Blick davon hinweg?
Wer kommt zurück in jenes Haus der Wirklichkeit?

401
Wann?

Wann sind wir frei dem Sinn zu trauen:
Die Wirklichkeit sei uns doch Freund?
Wann sind wir nah an uns zu schauen:
Die Wirklichkeit von Frieden träumt?

Wann wird uns sein die kluge Sicht
in jenen Sinn der Wirklichkeit?
Wann darf uns sein das sinnige Licht
auf all das Leid der Wirklichkeit?

Wann sind wir tief vereint im Herz,
das sich so gern im Frieden sieht?
Wann schenkt sich uns ein kluger Scherz,
der uns umarmt und Liebe gibt?

402
WO?

Wo kamst du her und gingst du schon?
Wo bist du schon und findest dich?
Wo bleibst du noch und willst noch hin?
Wo ist die innere Zeit dein Raum?

Wo soll der Frieden dich noch finden
auf deinem Weg der Endlichkeit?
Wo wird ein Streit dich manchmal binden,
auf welchen Platz der Schändlichkeit?

Wo darfst du hin und musst du sein?
Wo traust du dich und freust dich drauf?
Wo läuft dir weg die gute Chance?
Wo trauerst du um Welt und Krieg? –

403
WARUM?

Warum sind wir auf Erden *wir* geworden bis ins Heut?
Warum trägst du die Kleider so und andere sie anders?
Warum sind wir so gleich und doch auch sicherlich verschieden?
Warum verdient der eine mehr als andere Menschen noch?

Warum zeugt sich das Leben selbst in immer neuen Formen?
Warum wächst uns die Frucht am Baum und aus der Erde raus?
Warum entwickeln sich die Wesen im Leben bis zum Tod?
Warum ist klein der junge Geist und alt bei einem Weisen?

Warum gelingt uns manches gut und manches auch noch nicht?
Warum sind wir in Frieden froh und wollen keinen Krieg?
Warum bedarf es Kraft und Herz die Welten zu befrieden?
Warum ist es so schwer für uns Vertrauen zu erhalten?

Warum stellt sich die Frage dir, wenn eine sich dir stellt?
Warum erscheint die Antwort dir gehaltvoll schon zu sein?
Warum irrst du und siehst es nicht durch einen Blick darauf?
Warum willst du in Frieden sein und musst dafür was tun?

404
WAS?

Was sagt dein Herz-Geist meist zu einem freien Tag?
Was sagt dein Denken dir, wenn du zur Arbeit gehst?
Was sagt ein Zweifel noch dem Klang der Herzlichkeit?
Was sagt die Schönheit dir, wenn du sie in dir siehst?

Was willst du werden noch mit froher Leidenschaft?
Was will die Welt von dir und die Evolution?
Was will dein Frieden sein für unsere Wirklichkeit?
Was will der Tod uns sein, da er doch nicht zu meiden?

Was warst du lange schon am Strand der Endlichkeit?
Was bist du früher schon die Meere raus gesegelt?
Was bist du freundlich fahrend abgewiesen worden?
Was bist du schon dir selbst den frischen Tag zu schauen?

405
WIE? – II

Wie hörst du all die Worte an, die täglich sind zu hören?
Wie sprichst du darauf an und aus, was du vermeinst sei gut?
Wie lacht dein Herz in jeden Tag, auch wenn der Tag ist lang?
Wie freust du dich an Sinn und Zeit, da du besorgt auch bist?

Wie schaust du einen Baum dir an, der schon die Früchte trägt?
Wie schaust du dir das grüne Gras, das deine Füße rührt?
Wie schaust du einem Freund ins Herz, wenn er sich grade irrt?
Wie schaust du jenes Bild dir an, das jeder ehrt und lobt?

Wie schon verstehst du Leid und deines auch gewiss dazu?
Wie schon erkennst du dich im Spiegel all der Welten Sinne?
Wie schon nimmst Anteil du am Frieden auch der anderen Welt?
Wie schon erfreut Kultur und jener Klang der Fremde dich?

Wie groß ist deine Kraft den ungewohnten Klang der Welt
dir zu belassen schon, da du mit Größe, Weisheit ehren kannst,
was Basis ist und Grund der seelschen Nahrung Freiheit fein
und wirst die Liebe zugestehen, die Welten für den Frieden wollen?

406
Von den Lügen
über die Nahrung
bis zur Menschlichkeit

Lügen sind Gewalt gewiss.
Und Gewalt kommt auch zurück.

Fragen muss die Lügen klären.
Kluge Klarheit wird so sein.

Frieden braucht die Klarheit stets.
Fortschritt wird dann menschlich werden.

Menschlichkeit bedarf der Liebe.
Jede Liebe Wahrheit schaut.

Wahrheit sucht der freie Mensch.
Freiheit wird die Weisheit nähren.

Nahrung braucht ein jede Welt.
Lügen muss die Welt auch schauen.

Schauen der Lügen wird uns nähren.
Frieden wird die Nahrung sein.

407
Forschen und Suchen

So lass uns weiter nach der Wahrheit forschen,
du Freund und Freundin dieser schönen Erde.
Denn tun wir's nicht, gelangen wir zum Morschen,
zu jenem faulen Holz, das nicht mehr tragen kann
und wir nicht bauen können an unserem Glück.

So lass uns nun nach der Gemeinschaft suchen,
du Fremder und du Fremde, die wir sind.
Lass uns allzeit gerecht verteilen Kuchen,
da wir doch backen können, vielfältiglich,
um uns gemeinsam Frieden zu servieren.

408
O MUTIGER FREUND[10]

O mutiger Freund des Menschlichen, der für das Leben kämpft,
gingst hin und wolltest schön, mit sinnigem Schuss, ein Ende hier
dem Ungeist, der Milliarden schwer herumgeprahlt, final bereiten.
Nicht falsch war dies, denn niemals ideal ist die Verteidigung
der Freiheit und der Würde, Freund, dir soll die Ehre sein.

409
O MUTIGER MENSCH

O mutiger Mensch der Suche nach Wahrhaftigkeit,
    der dieses Leben liebt,
geh hin und suche frisch die Wahrheit weiter, auf dei-
    nem eigenen Weg
und frage nach dem tieferen Frieden, der doch im Au-
    genblick uns ist,
warum die Lüge ihn nicht kennt und daher Schuld
    verteilt und flüchtet
hinaus auf jenen inneren Mond der Einsamkeit, mit
    leidlich Zweifel noch,
da er noch nicht versteht und nicht erfahren hat die
    Liebe, die er sei.

410
O MUTIGE LIEBE

O mutige Liebe in der Welt all jeder Zeit auf deinem Pfad,
schlägst dir die Sichten frei von wirren Worten der Gehässigkeit,
immunisierst dich stetig wieder von den Lügen all der Irrenden,
die durch dein Leben kreuzen und es durchkreuzen wollen, durch
    jene Kreuzigung.
Du Liebe sollst am Leben bleiben und stetig tiefer nach Essenzen
    suchen,
erfinden nicht den Glauben nur, nicht Phrasen der Beliebigkeit,
doch finden tief und immer tiefer Dich, auch wenn du kämpfen
    musst.

411
Doch ihnen fehlt Scham

Sie lügen uns Gewalt herbei
und wollen, dass wir akzeptiern
die Lügen des Aggressors Schrei,
doch sie es wieder nicht kapiern.

Wie damals schon und auch zuvor,
die Schlafenden, sie träumen wild
am Tag nun wieder und sind Tor,
da sie verzerren jedes Bild.

Sie vergewaltigen bereits
den Anstand und auch das Vertrauen,
bedrängen Klugheit ins Abseits
und wollen keine Fragen schauen.

Wie damals schon und heute nun
ist ihnen an der Macht gelegen,
um nicht das Sorgen gut zu tun,
doch Böses aus der Welt zu fegen.

Sie drohen die Gewalt herbei
und zeigen sich im Größenwahn
paranoid recht krank dabei,
doch ihnen fehlt der Demut Scham.

412
Ach Freund

Ach Freund, glaub nicht den protzigen Tätern,
die sich als Opfer dauernd stilisieren,
gewiss schon immer warn sie gleich Verrätern,
die wirklich nicht das Menschliche kapiern
und daher werden sie ob Attentätern
grad gegen diese dennoch stets verliern.

413
FACHLICH EITEL[II]

Die fachlich eitle Selbstgefälligkeit
wird sich von Menschlichkeit entfernen,
wenn sie den Opfer-Mythos nicht erkennt,
ob treuer Wertung für den Sieg in spe
dem Täter nun das Opfersein belässt,
da der Experte nach dem Mob sich richtet
und meint, die Wahl sei damit schon gelaufen.
So der Experte sich entfernt vom Ziel,
das jene Lüge dieses Opferseins entzaubert.

414
VOM BEGACKERN

O Freund und Freundin, hört genau gut zu,
was jener Narrativ mit euch will tun,
der wird erzählen euch den falschen Schmu
und wird begackern euch zuletzt wie Huhn,
da aufgescheucht ihr durch die Wortgewalt
seht nicht den Topf bereitet für euch bald,
indem ihr schließlich köcheln werdet,
da ihr es selber euch erneut verderbet.

415
EHRLICHKEIT

Nun, Freund und Freundin, suche dir die Ehrlichkeit im Herz
des Menschen jeden Tages Licht und deine ganz besonders tief.
So ringe fortan und auch weiter mit Aufrichtigkeit und Wert
der Liebe, die das Großmaul stets beschmutzt, weil er im Hass
und krass verworren meint, die Welten würden immer bleiben so
wie sie so seien und das sei: ungerecht. Der sieht nur nicht –
und spüre dies in jedem täglichen Begegnen, drum sei erwacht –
dass *er* das ist, das Ungerechte, Resignierte:
    das eitle Schwätzerhirn.

416
WENN DU KEINE FEINDE HAST

Wenn du keine Feinde hast
suchen sie dich noch,
denn so mancher Feind gern hasst
tief in seinem Loch,
weil ihm immer gar nix passt,
nur sein eitles Doch,
da er mit den Worten prasst
ob des Geistes Joch.
Sei daher recht stark gefasst,
wenn er an dich kroch.

417
WENN DU EIN PAAR FREUNDE KENNST

Wenn du ein paar Freunde kennst,
ehre sie vertraut,
schaue, wie du sie benennst,
sprich nicht allzu laut,
wenn ein Streit du mit ihm stemmst,
spür wie's dich erbaut,
da du dich nicht glatt verrennst,
wenn's auch er erschaut.
Zeige dich, wenn du bekennst:
Ihr euch tief erlaubt.

418
WASSER UND FEUER

Freund und Feind, Vertrauen und Hass,
meistens es beginnt im Stillen,
wenn das Gestern und Unpass
nährt den eilig kantigen Willen,
da bald schon das große Fass
öffnet sich die rissigen Rillen
und das Pech ergießt sich nass
Freundschaft doch final zu killen.

419
Wenn du ein paar Feinde hasst

Wenn du ein paar Feinde hasst,
hasse nicht dich selbst,
denn das wäre eine Last,
da du dich verstellst
mit Beschwernis, der Unrast,
die du stets erhältst
und wahrscheinlich du dann fast
immer nur verbellst.
Lindre dir die üble Last,
dass du dich erhellst.

420
Wenn du keinen „Freund" benennst

Wenn du keinen „Freund" benennst,
wirst du Gründe haben,
vielleicht auch, weil du verkennst,
Freundschaft sei zu wagen,
ungewiss vielleicht verbrennst
zu sehr deine Gaben,
da durch Welten zu sehr rennst
du in deinen Tagen.
Denken denken, das dich bremst,
liegt zu sehr im Magen,
schaue daher, wie du lernst
nicht zu sehr zu klagen,
da von dann du Leben stemmst
und kannst klug ertragen.

421
Leben nicht nur für eines

Leben, Freund und Freundin, meint nicht, einfach in
    die Welt zu gehen;
Leben meint –, mit Sinn zu wandeln, dienend nicht
    nur einem Ziel.

422
VON DER WIEDERKEHR
DES ÄHNLICHEN

WIE BEI SOKRATES:
Der Bürger stellt die Fragen nicht;
der Weise fragt und stirbt dadurch.

WIE BEI JESUS VON NAZARETH:
Der Mob wählt sich den Räuber frei;
dem Weisen wird der Tod damit.

WIE BEI MARGRET PORETE:
Der Klerus zurrt den Glauben fest;
die Weise schreibt ein Buch und stirbt.

WIE BEI GIORDANO BRUNO:
Der Glauben kennt die Wahrheit schon;
der Weise lehrt den Geist und stirbt.

WIE BEI DIETRICH BONHOEFFER:
Der Aggressive kam zur Macht;
der Mensch an Liebe glaubt und stirbt.

WIE BEI MARTIN LUTHER KING:
Ein Jemand kann ihn leiden nicht;
mit großem Traum ein Schwarzer stirbt.

*

WIE BEI DONALD TRUMP:
Der reiche Lügner hört nicht auf;
der arme Mensch erschießt ihn nicht.

423
UMFASSEND

Nunan das letzte Wort zur Tat sei freundlich und entschieden
dem Herz genannt und auch Verstand gerufen für die kluge Welt:
Soll Frieden bleiben und auch tiefer werden uns und allen Welten,
muss die Erkenntnis über Sinn und Wert, Respekt, Gerechtigkeit,
ins Zentrum von uns allen rücken, *umfassend*, wie noch nie,
da sonst Geschichte bleibt sich selber ähnlich in der Fratze nur.

※

„Die einsame Nacht liegt über deinem Weg, die Dämmerung schläft
    hinter den schattigen Hügeln.
Die Sterne halten den Atem an und zählen die Stunden, der bleiche
    Mond überschwemmt die tiefe Nacht.
Vogel, mein Vogel, höre auf mich, lass deine Schwingen nicht sinken.

Da ist keine Hoffnung, keine Furcht für dich.
Da ist kein Wort, kein Flüstern, kein Schrei.
Da ist nur dein eigenes Paar Schwingen und der pfadlose Himmel.
Vogel, mein Vogel, höre auf mich, lass deine Schwingen nicht sinken."

(Rabindranath Tagore, Der Gärtner.[12])

Der Weg scheint noch weit auf der Erde zu sein in der Luft für die
    Menschen und Wesen.
Das All blüht fast ewig, auch auf diesem Planeten der Blumen und
    Sträucher voll Frucht.
Doch ist's nicht dort draußen, in jenen fremden Gefilden, wo der leb-
    lose Staub geworden;
das Leben ist innig im All, tief rührt es am Traum den Frieden zu
    finden,
erfüllt im tätigen Wind jeder Zeit, die immer ist, was sie klar ist,
entwickelnd sich still in die lautere Welt, wo die Freude des Kósmos
    sich stetig ersucht und auch findet.

(Thomas Klinger)

ANMERKUNGEN

87 IST ETWAS WESENTLICH ANDERES ALS – II

1. (Seite 30) Der erste Teil dieser dreizeiligen Verse findet sich in *Demos und Liberator. Gedichte. Über Demokratie und ihre Potenzialität*, auf den Seiten 139 bis 147.

202 „HALSSTARRIGE BEZEUGUNG"

2. (Seite 80) Diese Episode aus dem Leben des Komponisten und Organisten Johann-Sebastian Bach (1685 – 1750) wurde erwähnt in der Talk-Show Riverboat am 24. Mai 2024 von Bach-Experte Dr. Michael Maul, im öffentlich-rechtlichen Fernsehen des MDR. Das im Gedicht geschriebene Zitat „Bach nicht tauge" ist dabei lediglich sinngemäß übernommen und wurde in der erwähnten Talk-Show nicht genannt.

244 „WAS DU LIEST, DAS BIST DU"

3. (Seite 102) Dieses Zitat stammt aus dem amerikanischen Film „E-Mail für dich", aus dem Jahre 1998, mit Tom Hanks und Meg Ryan.

310 GLEICHES IST VERSCHIEDEN

4. (Seite 134) Dies deutet auf das Paradoxon (den nur scheinbaren Widerspruch) hin, der das Leben auszeichnet, dass wir alle gleich sind in unserer Verschiedenheit. Es findet keine Bevorzugung der Gleichheit oder Ungleichheit vor der Ungleichheit oder Gleichheit statt. Beides soll gleichsam angenommen sein, verstanden und erkannt. Die Wirklichkeit zeigt dies, die Natur zeigt uns ihre Gleichheit in Verschiedenheit. Nur wer auf einem der beiden Seiten und

Extreme fixiert bleibt, glaubt einen Widerspruch zu sehen in diesem genannten Paradoxon. Wer sich in der Zeit bewegt und beweglich bleibt, kann sachlich und sinnig argumentieren, warum die Gleichheit in Verschiedenheit zugleich und zeitlos existiert und real ist. Zugleich denken lassen sich zwei gegensätzliche Gedanken natürlich nicht. Das entspräche der unmöglichen Aufgabe jetzt mal ans Nicht-Denken zu denken. Das bedeutet aber nicht, dass es nicht möglich wäre über das Nicht-Denken zu denken und zu sprechen. Wir können über alles sprechen. Und wir müssen vor allem über die Wirklichkeit sprechen. Wenn wir uns nicht erlauben würden, das Undenkbare zu denken, wären wir noch in den Höhlen oder auf den Bäumen.

323 Vom einstigen Trommler

5. (Seite 143) Der AfD-Politiker Alexander Gauland hatte diesen Begriff benutzt, um das Menschheitsverbrechen zwischen 1933 und 1945 in Deutschland, das in den zweiten Weltkrieg führte, mit 70 Millionen Toten und 6 Millionen ermordeter Juden, klein zu reden und als unbedeutend für heutige Zeiten zu markieren.

349 Frei nach Bertrand Russell

6. (Seite 157) Der Nobelpreisträger für Literatur von 1950, Bertrand Russell (1872 – 1970), sagte einmal, auf die Frage, wie Faschismus beginnt: „Zuerst faszinieren sie die Dummen. Und dann machen sie die Intelligenten mundtot." Das Gedicht paraphrasiert dieses Zitat und führt es gleichsam weiter in die Antwort auf die Frage: Wie endet Faschismus? Mit der Antwort: „Zuletzt überleben die Dummen. Und die Intelligenten sind tot." (vom Autor formuliert) Dies sollte uns die Alarmglocken läuten lassen, wenn wir die menschenfeindliche und lebensfeindliche Psychologie der Faschisten, Populisten, Autokraten und Diktatoren begreifen.

361 Nicht unverstanden sein

7. (Seite 163) Das Gedicht ist inspiriert von der Rock-Ballade „Don't let me be misunderstood" in der Coverversion des amerikanischen Gitarristen und Sängers Robben Ford, die mich immer wieder sehr bewegt, wenn ich sie höre. Der Refrain lautet: „I'm just a soul whose intentions are good. O Lord, please don't let me be mi-

sunderstood" (Übers.: Ich bin nur eine Seele dessen Absichten gut sind. Oh Herr, lass mich bitte nicht unverstanden sein.) Das Gedicht an sich ist aber auch angeregt durch eine Begegnung in den sozialen Medien: Eine Dame hatte versucht einen genannten Ernst weg zu lachen. Was ich lyrisch nicht unkommentiert stehen lassen wollte.

362 SELBSTERKENNTNISSTREBEN

8. (Seite 163) Die Suche nach sich selbst ist nicht von einem Verständnis für die Welt und das Leben zu trennen. Selbsterkenntnis verlangt Weltverständnis. Und umgekehrt.

381 SIE SASSEN UND TIPPTEN AN LAPTOPS

9. (Seite 172) Das Gedicht ist inspiriert von Heinrich Heines „Sie saßen und tranken am Teetisch" aus dem Jahre 1822.

408 O MUTIGER FREUND

10. (Seite 185) Geschrieben am 14. Juli 2024, am Mittag Mitteleuropäischer Zeit, nach dem gescheiterten Attentat auf Ex-US-Präsident und erneuter US-Präsidentschaftskandidat Donald Trump.

413 FACHLICH EITEL

11. (Seite 187) Ein Professor für die Analyse der politischen Gegenwart, meinte sich nah an der politischen Realität, wenn er nach dem Trump-Attentat vom 13. Juli 2024 die irrationale Schlussfolgerung der Trump-Sympathisanten annahm und unterstützte, die kommende Wahl zum US-Präsidenten sei damit schon für Trump gelaufen und „ihm der Sieg nicht mehr zu nehmen". Ich hielt diesem Experten entgegen, dass er mit solcher Aussage dem Opfer-Mythos dieses Aggressors Vorschub leistet, weil er ja die Schlussfolgerung der diesen Aggressor Wählenden unterstützt, die auf diesem Opfer-Mythos beruhte. Er hätte mehr die Größe und Menschlichkeit an den Tag legen sollen, viel lieber von der aktiven Täterschaft einer Vergiftung der globalen öffentlichen Diskurses zu reden, die durch solche Figuren, wie Trump, die Welt gefährden. Anstatt den Opfer-Mythos zu unterstützen, indem er unkritisch die Schlussfolgerung aus der Annahme solcher Opfer-Mythologie

teilt. Ich schrieb diesem Experten: „Als politischer Kommenta-
tor haben Sie sich leider vom Ziel entfernt die Lüge vom Opfersein Donald Trumps zu entzaubern. Denn wieso teilen Sie die
Schlussfolgerung, die aus einer blinden und unkritischen Annahme dieses Opfer-Mythos erwächst? Wie es die irrationalen Wähler-
Sympathisanten von DT schon tun. Das nenne ich fachlich-blinde
Eitelkeit, die das Menschliche nicht begriffen hat, dass wir die Täter und Aggressoren stets als die Täter und Aggressoren zu markieren haben. Da diese Leute das *sind*. Und *diese* Wahrheit *muss* in
den politischen Raum der Öffentlichkeit." Ich füge hier hinzu: In
der politischen Öffentlichkeit sollte keine Äußerung Platz finden,
die einer Schlussfolgerung der Hörigen entspricht sich für einen
Aggressor zu entscheiden. Denn das redet leichtfertig und eitel die
Macht des Aggressors herbei.

ABSCHLUSS

12. (Seite 191) Zitiert mit freundlicher Genehmigung aus TAGORE,
Der Gärtner. Gedichte von der Liebe und vom Leben, Werner Krist-
keitz Verlag, 2009, Seite 99f.

Alphabetisches Verzeichnis

W

Z

Impressum

MENSAION VERLAG
c/o Block Services
Stuttgarter Str. 106
70736 Fellbach
Deutschland

E-Mail: kontakt@mensaion.de
Internet: https://www.mensaion.de/

WEITERE BÜCHER IM MENSAION VERLAG:

ULRICH MACK
Zen·Ethik
Eine Herausforderung für die Verantwortung des Menschen

RICHARD L. CURRIER
Wir Entbundene
*Wie acht Technologien uns zu Menschen machten, die Gesellschaft verän-
derten und unsere Welt an den Rand des Abgrunds brachten*

BRINGFRIED-JOHANNES PÖSGER
Erforschung und Erkenntnis
Was unser Menschsein menschlich macht

MALTE KRÜGER
Abteilung Attacke
Mit welcher Rhetorik die AfD endlich bekämpft werden muss

Zeitfracht Medien GmbH
Ferdinand-Jühlke-Straße 7
99095 Erfurt, Deutschland
produktsicherheit@kolibri360.de